政府购买教育服务：
中国的实践与创新

ZHENGFU GOUMAI JIAOYU FUWU:
ZHONGGUO DE SHIJIAN YU CHAUNGXIN

黄 藤 等著

图书在版编目(CIP)数据

政府购买教育服务:中国的实践与创新/黄藤等著. —西安:西安交通大学出版社,2022.5
ISBN 978-7-5693-2608-6

Ⅰ.①政… Ⅱ.①黄… Ⅲ.①教育事业-社会服务-研究-中国 Ⅳ.①G52

中国版本图书馆 CIP 数据核字(2022)第 076403 号

书　　名	政府购买教育服务:中国的实践与创新
著　　者	黄　藤　等
策划编辑	曹　昳
责任编辑	杨　瑶　张明玥
责任校对	张静静
出版发行	西安交通大学出版社 (西安市兴庆南路1号　邮政编码 710048)
网　　址	http://www.xjtupress.com
电　　话	(029)82668357　82667874(市场营销中心) (029)82668315(总编办)
传　　真	(029)82668280
印　　刷	西安五星印刷有限公司
开　　本	720 mm×1000 mm　1/16　印张 13　字数 250 千字
版次印次	2022 年 5 月第 1 版　2022 年 5 月第 1 次印刷
书　　号	ISBN 978-7-5693-2608-6
定　　价	98.00 元

发现印装质量问题,请与本社市场营销中心联系。
订购热线:(029)82665248　(029)82667874
投稿热线:(029)82668502
读者信箱:phoe@qq.com

版权所有　侵权必究

前言

目前,政府购买公共服务已成为日益通行且普遍使用的转变政府职能的方式。我国从20世纪90年代开始在基础设施、医疗卫生领域尝试政府购买服务,后逐渐扩大到文化、养老、教育领域。我国关于政府向社会力量购买公共服务,尤其是购买养老、医疗卫生、残疾人服务的研究文献较多,而关于政府购买教育服务的理论研究甚少。

政府购买服务是落实党的十九大精神、国务院办公厅《关于政府向社会力量购买服务的指导意见》(国办发〔2013〕96号)等文件精神的重要举措,是引入市场机制、转变政府职能、提高政府工作效率、优化教育资源配置、应对国际教育市场冲击和挑战的关键抉择。

本书在广泛收集国内外关于政府购买公共服务、教育服务的相关资料的基础上,实地调研了国内四个地区关于政府购买教育服务的工作情况,听取了高校代表、专家学者关于政府购买教育服务的意见,讨论了我国政府购买教育服务的试点经验和十八届三中全会以来的工作情况,本书聚焦于政府购买教育服务的理论与政策、体制机制、推进策略与途径等问题,提出深入推进政府购买教育服务的建议。

本书重点对政府购买教育服务的运行机制进行了深入的研究。首先,本书对政府购买教育服务的起源、理论基础与现实意义、国内外产生的背景等基础性问题进行了归纳与研究。其次,在了解政府购买教育服务的起源之上,本书对政府购买教育服务的国外典型案例与实践经验进行了系统的梳理与深入剖析,从英、美、日、澳等发达国家的实践案例中总结归纳出国外政府购买教育服务的运行机制与一般做法,也从中发现国外政府在购买教育服务中存在的问题,如观念问题、合同设计问题、适用效果问题、风险问题等,由此给予我国建立与推行政府购买教育服务运行机制提供了良好的借鉴。最后，结合我国已有的初步实践与典型案例，在此基础上本书进行了深入的政策研究与理论思考，创新构建我国政府购买教育服务的运行机制势在必行。

全书包括正文和附录两部分。正文共有五章，第一章主要阐述政府购买教育服务的国内外背景、我国政府在购买教育服务实践过程中存在的问题，从而论证当前我国创新建立政府购买教育服务的运行机制的重要性。第二章从国外对政府购买教育服务的认识、典型案例的论述出发，总结出国外一般做法与经验，从而给我国政府购买教育服务的推行提供具体的建议。第三章主要从理论分析回归实地调研，从经济基础、地理条件、教育状况以及政府购买教育服务的试点情况等角度选取我国四个省市进行了为期一个月的调研访谈，并形成了四份较为全面的调研报告。第四章主要是从实践总结上升到理论思考，从理论和公共政策的角度探索思考新时期我国推进政府购买教育服务应遵循的基本原则、应注意和把握的关键问题。第五章主要是根据前文的背景分析、国外经验分析、国内案例总结、政策与理论思考，具体提出有针对性的、可操作性的、有实际价值的、有创新意义的建立政府购买教育服务运行机制的建议。附录部分主要包括国内法律法规政策综述、国内理论研究文献观点综述以及访谈报告。

本书系教育部人文社会科学研究项目《我国政府购买教育服务机制研究》(项目号：16YJE880002)课题成果。历时七个月，作者经过反复研讨与调研，最终完成了本书的撰写工作。本书由项目负责人黄藤牵头，课题组成员卢干奇、史朝、董鸣燕、张燕、杜世雄、杨鸿波及周翠萍等撰写完成，赵巍和王帅红等参与审稿工作。

在研究与写作过程中，课题组实地调研了上海、重庆、浙江、陕西等地区，也得到了很多单位的领导、专家、学者等有关人士的大力支持与帮助，在此一并表示最诚挚的感谢。

西安外事学院七方教育研究院
2020 年 12 月

目录

绪论 ·· 1
  一、问题的提出 ··· 1
  二、政府购买教育服务的现实意义 ······························ 3
  三、国内外研究述评 ·· 6
  四、研究思路及方法 ·· 19

第一章 政府购买教育服务的理论基础 ························ 21
  一、内涵界定 ·· 21
  二、理论依据 ·· 24

第二章 政府购买教育服务的国外经验及对我国的启示 ········· 30
  一、产生背景 ·· 30
  二、典型案例 ·· 32
  三、实践经验 ·· 39
  四、主要问题 ·· 47
  五、具体建议 ·· 49

第三章 我国政府购买教育服务的实践案例 ················· 51
  一、我国政府购买教育服务的背景及概况 ··················· 51
  二、我国政府购买教育服务的一般做法与经验 ············· 60
  三、试点案例 ·· 69
  四、存在问题 ·· 91

第四章　创新我国政府购买教育服务机制的理论与政策思考 … 98

一、基本原则 … 98

二、前提与基础 … 101

三、目标定位 … 107

第五章　创新建立我国政府购买教育服务的运行机制 … 109

一、购买主体和承接主体 … 110

二、购买内容和指导性目录 … 113

三、购买方式和程序 … 118

四、经费预算与财务管理 … 120

五、风险防范与过程监管 … 123

六、绩效评价和项目验收 … 124

第六章　政府购买教育服务机制的推进步骤及注意问题 … 132

一、扎实推进政府购买服务工作 … 132

二、政府购买教育服务机制运行中应注意的问题 … 137

附录 … 149

附录A　我国政府购买服务法律法规政策综述 … 149

附录B　我国五省市政府购买教育服务情况的访谈记录 … 152

附录C　北京市教育委员会关于政府购买公共教育服务的实施方案（试行） … 174

附录D　政府向社会力量购买学前教育服务实施方案 … 179

附录E　重庆市教育委员会　重庆市财政局关于推进政府购买学前教育服务的通知 … 183

附录F　教育部政府购买服务指导性目录 … 188

参考文献 … 192

绪　论

政府购买服务是一个撬动政府改革的新支点,同时也是吹向公共服务和管理领域的清新之风。在国家的大力推动下,政府购买服务正从地方探索转变为全国性的公共政策、公共服务的重要支柱。我国已经陆续出台相关的法律法规和政策,对政府购买公共服务提出了越来越明确的具体要求。在教育领域解决如何落实这些法律法规和政策,如何实施和推进政府购买教育服务的问题日趋紧迫。

一、问题的提出

在人类社会的历史发展进程中,教育实现了从家庭到社会、从社会到国家的职能转移。承担教育职能已成为政府履行公共职能的重要组成部分。但随之出现的问题是,各国的政治文化背景不同,经济发展水平各异,政府应以何种方式承担教育职能,政府能承担多少教育职能,这成为世界各国在实践中不断摸索的重要问题之一。

20世纪30年代以前,受古典自由主义意识形态和经济理论的影响,社会治理呈现出"强市场-弱政府"的特征。英国古典经济学家亚当·斯密认为个人都是理性的"经济人",都追求自身经济利益的最大化。应根据市场所给予的价格信号来决定自己的行动,这种行动应受制于市场而不是政府。在亚当·斯密"看不见的手"理论的引导下,政府的定位是市场的"守夜人",主要保障市场自由,充当个人和国家财富的保障者。20世纪30年代以后,世界经济的大萧条、市场失灵使人们重新认识市场在社会治理中的有限作用,由此,凯恩斯主义兴起。世界各国纷纷形成了"从摇篮到坟墓"的完备的社会福利体系,政府大包大揽,包揽了关于教育的一切事务。这种"大政府"的理念模式一直延续到20世纪70年代。20世纪70年代后,伴随着石油价格的大幅度上涨和国际金融体系的瓦解,发达国家的经济由战后的迅速发展转入严重的"滞涨"

阶段。在此背景下,各国政府纷纷削减社会福利开支,探索公共服务合同外包的方式,来降低服务成本,增加资金来源,提高服务质量。西方国家的"大政府"模式在世界经济"滞涨"面前出现失灵,迫使其反思"大政府"职能的能力与限度。许多国家开始以新自由主义思想来指导国内的改革。20世纪七八十年代开始的世界各国的教育改革,虽然时间有先后,规模有大小,改革力度也各不相同,但共同的特征是普遍借助市场的力量来改善本国的教育。(周翠萍,2013)

在20世纪80年代初期,部分发达国家开始了政府购买教育服务的实践探索,并把它作为一项缓解教育福利负担而进行的教育保障制度改革的重要内容。政府购买教育服务是政府在教育领域进行市场化改革的一个重要环节,作为政府提高教育服务供给质量和效率的一种有效选择,它将市场、公民社会以及个人力量引入公共教育治理体系中,通过构建公私部门之间的合作伙伴关系实现了公共教育服务投资、供给主体从单一化向多元化的转变,以此加快公共教育服务治理新格局的建设和形成。经过近30年的实践探索,一些发达国家将政府购买教育服务视为向社会公众提供教育服务的重要形式。如美国的"特许学校"和"契约学校",英国的教育行动区计划,日本的公立教育机构委托民间机构管理非义务教育的公立幼儿园、托儿所、函授制高中等,取得了成功并积累了一定的经验且逐渐发展成熟。

伴随着我国社会主义市场经济体系的确立,在传统的计划经济模式下,政府作为公共教育服务的生产者和提供者,统揽了宏观、中观、微观层面的一切教育事务,集举办者、办学者与管理者于一身,采取具体、直接、微观的管理方式,造成了政府教育职能的错位、越位和缺位,具体表现在:第一,政府干预太多,造成政府精力分散,负担沉重,不可避免地出现行为失误、忽视大局、决策失误、政策失灵、效率低下的问题;第二,压抑了学校的办学积极性,造成学校对政府的过度依赖;第三,政府垄断教育,挤压了各种社会力量办学的空间,阻碍了各类教育中介组织的发展和成长。(褚宏启,2005)

与政府提供教育服务存在错位、越位和缺位的现象相对应的是,社会公众对优质、高效教育服务的需求越来越强烈。改革开放四十年以来,我国的教育发展目标发生了两个方面的重大转变:第一,从穷国办大教育走向大国办强教育;第二,教育发展机制从供给约束型教育转向需求导向型教育。随着我国社会经济建设的不断发展,人民物质精神生活水平的不断提高,社会公众对教育的需求已经从"有学上"变为"上好学",家长对名校趋之若鹜乃至名校门前的"摇号"甚至"静坐"等,都反映了对优质、高效的教育服务的需求日益强烈。但与之形成鲜明对照的是,我国目前优质教育资源总量不足,不能满足广大人民对优质教育的需求,形成了社会公众多元的、个性化的、优质的教育需求与政府供给教育服务产品不足之间的突出矛盾。

在新形势下,政府提供教育服务面临着来自社会公众的双重压力,第一,政府不能满足社会公众对教育服务的优质的、多元的、个性化的需求;第二,政府在短时期内无法满足社会公众急剧增长的、大范围的、数量庞大的对优质教育服务的需求。在社会公众对教育的"数量"与"质量"需求的双重压力下,政府如何通过有效的教育管理制度创新来逐步扩大优质教育资源的总量,如何在有限的精力、财力和物力条件下,满足急剧增长的社会公众对优质教育服务的需求,这些问题都成了困扰政府的难题。

当前我国正在建设服务型政府,作为改革创新公共服务供给方式的重要内容,"政府购买公共服务"已成为各类政策性文件中的热词,并向医疗卫生、教育、社会福利与救助、就业培训和社区服务等更多领域推开。《中共中央关于全面深化改革若干重大问题的决定》中提出"要健全政府补贴、政府购买服务、助学贷款、基金奖励、捐资激励等制度,鼓励社会力量兴办教育"。随着国务院办公厅《关于政府向社会力量购买服务的指导意见》(国办发〔2013〕96号),财政部、民政部、国家工商总局《政府购买服务管理办法(暂行)》(财综〔2014〕96号)等政策的陆续出台,说明社会对政府购买教育服务这一战略部署日益重视。

二、政府购买教育服务的现实意义

政府购买教育服务,是深化管理体制改革,转变政府职能的重大措施。其关键是在政府教育事业的管理中引入市场机制,转变政府职能,简政放权,优化教育资源配置；目的是提高政府教育服务的效率和质量，向人民群众提供更好的教育服务，办人民满意的教育。尽快建立政府购买教育服务机制，是保障教育服务的重要措施。其重要性和紧迫性主要表现在以下几方面。

(一)研究推进政府购买教育服务是贯彻落实国家法律和中央、国务院有关文件精神的迫切需要

早在2002年，我国颁布的《中华人民共和国政府采购法》就提出了政府向社会购买服务的问题。法律规定："政府采购是指各级国家机关、事业单位和团体组织，使用财政性资金采购依法制定的集中采购目录的或者采购限额标准以上的货物、工程和服务的行为。"2012年，党的十八大提出："改进政府提供公共服务方式，充分发挥群众参与社会管理的基础作用。"2013年，党的十八届三中全会明确而具体地提出："推广政府购买服务，凡属事务性管理服务，原则上都要引入竞争机制，通过合同、委托等方式向社会购买。加快事业单位分类改革，加大政府购买公共服务力度。健全政府补贴、政府购买服务、助学贷款、基金奖励、捐资激励等制度，鼓励社会力量兴办教育。"同年，国务院办公厅发布了《关于政府向社会力量购买服务的指导意见》(国办发〔2013〕96号)，系统地对政府购买服务提出了要求，并明确了一系列原则。2015年，党的十八届五中全会进一步指出："创新公共服务提供方式，能由政府购买服务提供的，政府不再直接承办；能由政府和社会资本合作提供的，广泛吸引社会资本参与。加快社会事业改革。"由此可见，这些法律法规和政策对如何转变政府职能和实施购买公共服务提出了越来越明确和具体的要求。在教育领域落实这些国家法律法规和政策，实施和推进教育服务显得日趋紧迫。

(二)实施政府购买教育服务是转变政府教育管理职能、深化办学体制和管理体制改革的重要抓手

《国家中长期教育改革和发展规划纲要(2010—2020年)》提出，要形成体系开放、机制灵活、渠道互通、选择多样的人才培养体制；健全政府主导、社会参与、办学主体多元、办学形式多样、充满生机活力的办学体制；形成政事分

开、权责明确、统筹协调、规范有序的教育管理体制。深化人才培养体制、办学体制和管理体制改革的关键在于政府进一步转变政府职能,持续推进简政放权,培育社会、市场的力量,逐步形成以政府为主体,社会、市场等多方治理主体参与的国家治理体系。政府购买教育服务正是推进政府教育管理职能转变,优化教育治理结构、激发教育发展动力、转变教育发展方式的牛鼻子和重要抓手。

(三)推进政府购买教育服务符合国际政府职能转变与发展的大趋势

国外政府购买教育服务的动因、模式、成效各不相同,但各国政府购买教育服务的大背景普遍起源于20世纪80年代,各国政府受新自由主义、新公共管理理论的影响,为解决政府公共教育财政危机及提高公立教育系统的质量与效率问题而实施。经过30余年的实践与发展,政府购买教育服务已成为英国、美国、德国、荷兰、法国、澳大利亚等国家普遍实施的一项政策,在促进政府教育职能转变、吸引社会力量参与教育事业、提高教育服务供给的多样化、可选择性等方面都取得了显著的成效。国际上政府购买教育服务的经验表明,现阶段推进我国政府购买教育服务符合国际政府职能转变与发展的大趋势。

(四)建立和完善政府购买教育服务是推动和指导地方政府购买教育服务实践的迫切需要

我国政府购买服务自20世纪90年代开始,在上海、广州、浙江、深圳等地尝试借鉴国外的做法,在养老、扶贫、残疾人服务等领域向社会组织购买服务。此后,全国各地陆续进行了这方面的探索实践,政府购买公共服务的内容和范围逐步扩大到教育、卫生、文化等诸多公共服务领域。2013年,在党中央、国务院以及有关部委提出政府购买公共服务的文件后,各省市积极响应,陆续出台了政府向社会力量购买服务的办法、实施意见及指导目录。在购买教育服务实践方面,上海、重庆、浙江、陕西等省市在学前教育、职业教育、高等教育、就业培训、教师继续教育、农民工子女入学等教育服务领域,通过与各类社会组织签订契约,以公共财政向签约组织全部或部分支付相关费用的方式,为社会公众提供优质、高效、可选择的教育服务,取得了不少值得借鉴的经验。例如,社会普遍所知的"浦东模式""温州模式"就是这方面的典型案例。但我们也要看到,目前各地普遍也存在一些亟待解决的问题,除了需要转变政府服务观念、培育社会组织以外,更为迫切的是对政府购买教育服务的机制需要进行顶层设计,并出台相关的政策和指导意见。

三、国内外研究述评

近些年来,学者们从不同视角对政府购买教育服务展开了讨论,主要围绕为何购买、向谁购买、购买什么、怎么购买、购买存在的问题和风险,以及购买教育服务的国际比较等方面进行了探究。

(一)研究内容

1. 为什么购买教育服务

1)理论依据

王玲艳等(2011)认为以公共选择理论、委托代理理论和治理理论为核心的新公共管理理论是西方政府购买(教育)服务行为产生和发展的直接理论来源。

周翠萍(2011a)提出在近代社会中,"政府-市场"的二元治理导致了"政府失灵"和"市场失灵"等现象的出现,因此在"公域"和"私域"之间,只有通过"第三域"的加入,构建"政府-公民社会-市场"三元教育治理的模式,才能解决我国复杂的教育问题,为公众提供优质高效的教育服务,而政府购买教育服务正是对这种价值诉求的直接回应。

王洪兵等(2013b)从教育服务特有的商品属性以及我国现有教育治理方式的转变出发,认为我国政府购买教育服务已经具备了一定的操作条件和现实可行性。

美国民营化专家萨瓦斯(2002)认为:政府服务通常成本高而质量差,其原因并不是政府部门雇员的素质比私营部门雇员差。问题的实质不在于公营还是私营,而在于垄断还是竞争。在提供低成本、高质量的服务方面,竞争往往优于垄断,而大多数政府活动以垄断的方式组织和运营。故其在《民营化与公私部门的伙伴关系》中对作为公共服务提供机制的民营化的背景、民营化的理论、民营化的实践等方面进行了详细的阐述。特别是在民营化的实践中,萨瓦斯对民营化的原因和形式、民营化的效果、公共服务的合同承包、民营化的阻力等进行了系统的讨论,其中在教育改革这一章节中,他从教育领域的竞争和选择权出发,对特许学校、凭单制度、学费税收扣除制度、合同外包等教育服务民营化机制进行了分析,并指出相对于教育民营化存在的缺陷,我们更应该注重民营化过程中的服务价格和绩效。

2)现实意义

鲍劲翔(2006)认为政府购买教育服务是一条提高政府教育投入与管理效率的新路径。

王洪兵等(2013b)认为政府购买教育服务是转变政府职能,推进服务型政府建设的需要,是降低购买成本,提高服务质量和效益的需要,是解决供求矛盾,满足社会公众教育需求的需要,是发挥教育中介组织作用,促进教育服务社会化的需要。

程翔宇等(2014)认为政府购买教育服务除了能解决教育服务的供需矛盾之外,还能促进教育服务"承包方"的日渐成熟以及民办教育的不断发展。

张勇(2013)认为政府购买教育服务作为一种政府提供公共服务的新理念和新方式,在推进学习型社会建设中具有明显的价值优势,有利于满足社会成员多样化学习需求,有利于政府职能的转变,有利于降低服务成本,提高服务效率,有利于推动社会组织的健康发展,有利于促进社会和谐与持续发展。

闫海、孟娜(2013)认为政府购买教育服务可以实现政府公共治理方式的转变,推动各方主体参与模式转变,促进竞争,提升教育质量,实现政府、民办学校和投资人多方共赢。

贝尔菲尔德和莱文则认为教育民营化有四个原因:第一是来自家长等需

求方的压力;第二是来自政府等供应方的压力;第三是全球社会经济的发展变化给民营教育系统造成压力;第四是教育的民营化也是对减少现有公立教育系统中不平等现象所作的一种努力。

美国学者劳拉·刘易斯(Laura Lewis)和哈里·安东尼·帕特诺斯(H. Anthony Patrinos)在《教育领域中私人部门参与的影响评价》(Lewis et al,2012)中认为,尽管公共部门在提供高质量的教育服务中负有主要责任并发挥着主导型的作用,但是为了改善教育质量,公共部门应该具有创新教育服务供给方式的思维和眼光,并对丰富公共教育资源应始终保持主动权。他们认为私人部门在教育领域中不应只作为辅助服务提供者,还应该发挥重要的作用。因此,政府和私人一起来提供教育服务不仅能补充彼此间的不足,共同分担风险,保持教育服务市场的竞争性,还能帮助国家实现教育目标并提升教育效果。

2. 向谁购买教育服务

刘玉山、汪洋、吉鹏(2014)认为政府既可以向非营利组织购买服务,也可以向营利组织购买服务。在我国,政府主要是向社会组织购买职业教育服务,这些社会组织往往以非营利的居多,同时也有私营的职业教育培训机构参与政府购买项目。

王洪兵(2013a)分析了广州市政府购买教育服务的客体(教育服务的生产者)包括市场组织、社会组织(教育中介组织)和其他政府部门等。从已有的实践来看,广州市政府向没有隶属关系的其他地区的政府或部门购买教育服务的项目很少,向市场组织所购买的教育服务的数量和规模远远超过了社会组织(教育中介组织)。同时,他指出由于教育中介组织自身具有公益性、非营利性的特征,而且所从事的业务与教育服务项目属于同一领域,教育中介组织应当成为政府购买教育服务的主要客体。

周翠萍(2011a)提出向市场中的教育中介组织购买教育服务,教育中介组织以其非营利性、自治性、志愿性、公益性等特征在提供社会公共服务中发挥着越来越大的作用。

施径科(2013)认为政府购买教育服务的对象一般是指教育中介组织和市场组织。广州市残疾人教育服务通常是向公办、民办非营利性组织或公益性组织购买。

董圣足、王一涛(2009)认为民办高校面向市场办学,机制相对灵活,因此政府在社会服务政策上应当适当向民办高校倾斜,给予民办高校更多的机会,为其提供更多的资源。

3. 购买什么教育服务

闫海等(2014)分析何种教育服务可以采取政府购买方式。首先,此类型的教育服务本身应能够价格估值;其次,相关教育服务已具备市场化的条件;再次,政府购买教育服务的成本要低于其生产教育服务的成本。

王洪兵(2013a)认为购买内容应从以满足社会公众基本教育需求的制度化教育、岗位教育和市民教育为主,逐步转变为以提升社会公众素质为目的的非制度化教育、非岗位教育和非市民教育为主,以满足社会公众日益增长的多样化、多层次的教育需求。同时,并非所有的教育服务都适合采用政府购买的方式,必须根据价值判断、成本、教育服务的自身特性来决定。

黄忠敬(2014)将教育领域公私合作伙伴关系分为两类:一类是契约类,另一类是非契约类。契约类的公私合作伙伴关系类型有保障服务、设备利用服务、专业服务、管理服务、经营服务、教育服务(购买学位)。

童小军等(2014)总结了公共财政购买教育服务的主要方式:基础设施的公私合作、公校私营、购买私立教育服务、辅助性教育服务购买。

周翠萍(2010)根据各地政府购买教育服务的实践,将政府购买教育服务的主要内容划分为四种形式:第一种,购买学位;第二种,购买管理;第三种,购买教育评估服务;第四种,购买其他服务,例如,针对特殊人群的服务,购买中介组织的培训,项目研究服务等。

刘玉山、汪洋、吉鹏(2014)提出政府购买职业教育服务的具体内容包括社会急需的技工人才、就业培训、职业技能发展、职业教育评估、师资培训服务等。

4．怎么购买教育服务

1）购买形式和模式

刘玉山、汪洋、吉鹏（2014）提出了三种政府购买教育服务的模式：直接资助模式，服务券模式，服务外包合同模式。

汤赤（2007）归纳了上海市浦东新区政府购买教育服务的主要模式：购买区域外优质教育资源委托管理——承办学校模式；挖掘区域内教育资源，培育中介机构购买委托管理的模式；购买中介服务，管理特殊人群教育的模式；以类似于发放教育券形式，购买民办教育"地段生"和"政策生"的模式；购买教育评估服务，以"委托再委托"方式来检验教育买单的模式。

施径科（2013）通过对广州市政府购买残疾人教育服务的调查，发现广州市政府基本购买方式为合同制和直接资助制，基本购买模式为非竞争性购买。

王洪兵（2013a）为解决政府供给教育服务能力的欠缺与社会公众日益增加的多层次、多元化教育需求之间的矛盾，提出了"一主多元"的购买模式，即以政府出资为主的多元购买资金、以教育行政部门为主的多元购买主体、以教育中介组织为主的多元购买客体、以社会公众素质提升为主的多元购买内容、以独立关系竞争性（契约化）购买为主的多元购买形式、以合同承包为主的多元管理模式、以教育消费者满意度为主的多元评价指标模式，用这七大模式来保障政府购买教育服务的有效实施。

刘颖、冯晓霞（2014）分析了政府购买学前教育的两种模式：直接购买和间接购买。购买学位和分类资助是直接购买最主要的两种购买形式。教育券是"间接购买"的主要方式。

在政府购买教育服务具体形式与内容方面，诺尔曼·拉洛奎（Norman LaRocque）的分类较为全面，他将教育服务供给的契约模式划分为以下几种类型：第一，公校私营，政府与私人机构签订合同，由私人机构管理公立学校，如美国的合同学校、特许学校、哥伦比亚租借学校等；第二，教育服务供应的管理合同，政府向非公立学校购买学生的入学位置，如新西兰的选择教育、菲律宾的教育服务合同等；第三，公-私协办教育设施，政府与私人机构就学校设计、建造、资金筹措等方面签订协议,如英国的私人筹措建设资金等;第四,私人机构提供管理或课程,政府向私人机构购买课程、管理或其他类型的支持,如英国的地方教育当局职能让渡合同、毕达哥拉斯连锁学校、连锁学校等。(拉洛奎,2006)

教育国际(Tilak,2009)也对教育服务合约的类型及特点进行了分析,它认为教育服务合约主要包括六种类型。第一,教育基础设施的公私合作。私人机构利用从政府那里获取的特许权来建设和运行教育基础设施,并以一定的价格租赁给政府使用,政府根据合约规定,在私人机构运行期满后再转交给政府。第二,公校私营。通过签订合约,公立学校被交付给私人机构进行代理运营,在这个过程中公立学校的资产、人事、所有权等不改变,但私人机构拥有管理权,政府部门需要向私人机构支付管理费用。第三,向外部来购买学校发展所需的教育服务。政府部门通过与有资质的私人机构签订购买合约,让私人机构来提供诸如课程体系、学校评估、考试管理等某一专项的教育服务。第四,向外部购买非核心的教育服务,如学校的食堂管理、保洁服务、学校交通运营等。第五,教育发展创新和研究的公租合作。通过合作伙伴关系的建立来综合运用政府部门的研究能力和私人机构的市场扩散能力,以此推动公共研究成果的商业化和社会化。第六,教育券和补贴,即政府为私立的教育机构提供直接或者间接的教育经费补贴。为了增加学生和家长选择学校的权利,扩大选择的空间,政府可以利用向学生发放教育券的形式,来给予私立教育机构一定的经费补偿,另外,政府也可以直接对私立教育机构进行补贴,通过建立合约的方式使私立教育机构来接纳某一特定的学生群体。

2)购买制度建设

大部分学者认为,我国政府购买教育服务正处在"摸着石头过河"的阶段,在购买过程中难免会出现缺乏政策支持和长期、有效发展机制等棘手问题,为了能让政府购买教育服务得到可持续的发展,如何合理有效地对我国政府购买教育服务进行制度设计和建构显得非常重要。

(1)教育需求评估立项制度。

周翠萍(2010)认为,在进行政府购买教育服务制度建设时,首先要理清政府供给教育服务的职责范围,哪些政府可以提供、哪些可以由社会或市场提供,以此来确定政府购买的具体教育服务内容。

张勇(2013)认为政府购买教育服务花的纳税人的钱,因此,某项服务该不该购买,是否适合购买,是必须慎重考虑的问题。首先要明确政府购买服务项目范围的界定原则及标准;其次要对项目可行性和必要性进行充分的论证;最后,还需要进一步明确项目定价原则、标准及依据、购买方式及供给机构选择等问题。

王洪兵等(2013b)主张建立健全政府购买教育服务的规制,明确购买教育服务的内容和要求,制订年度计划,年度计划应当包括购买的重点领域、购买内容、对所购买教育服务进行初步的价格估算、购买程序、评估原则等。

(2)招投标制度。

招标投标是市场经济中有效配置资源的手段之一。对拟购买的教育服务项目进行招标,在市场竞争中选择质优价廉的提供者,是有效实施购买教育服务的一个重要环节。

周翠萍(2010)认为制订政府购买教育服务的招投标机制,具体包括确定招投标的方式、程序和评标规则;建立公开、公正的招标信息发布制度;建立严格的投标方资格审查制度;建立起专业的操作机构与监管体系。

张勇(2013)认为购买教育服务的招投标不能完全等同于一般的招投标,因为教育服务具有特殊性,应在实践过程中,逐步建立起一套适合于购买教育服务的招投标制度。政府购买教育服务实施招投标应根据所购买的教育服务性质、特点,决定招投标的方式、程序及规则。

(3)监管制度。

张勇(2013)主张在实施政府购买教育服务项目过程中,应建立服务全程多元监管制度。所谓服务全程多元监管,一是在监管主体上,内部监管和外部监管相结合。二是在监管方式上,既要对购买教育服务项目实施的全过程进行监管,又要对购买教育服务过程中的一些重点环节进行监管。三是在监管工具上,既应包括以政府部门为主的正式监管工具,也应包括公众监督、社会舆论监督等非正式的监管工具。

王洪兵(2013a)主张在教育服务购买前,建立由教育行政部门、教育中介组织代表、教育服务消费者代表(比如,家长、社区代表等)、社会其他人士等组成的监管委员会,对招投标过程进行监管。在签订协议后,形成定期、不定期的过程监管制度和多渠道的信息反馈交流制度。

(4)绩效评价制度。

建立政府购买教育服务的绩效评价制度,既可以保证财政资金的使用效率,也可以督促承接机构更好地完成目标任务。

张锦珠等(2013)提出政府购买教育服务绩效评价应该遵循四个基本原则:系统、全面、客观和科学评价相结合原则;政府、社会公众和第三方共同参与原则;定量评价和定性评价相结合原则;过程评价和结果评价相结合原则。绩效评价内容主要包括政府购买教育服务的成本、效率、社会公正度和公众满意度四个方面,而效率、效益和公平应当是政府购买教育绩效评价中必须坚持的三个标准。

张勇(2013)认为建立绩效评价制度,要从如下几个方面着手:一是制订可操作性强的评估标准;二是要吸纳专家学者和第三方机构参与评估,提高评估的专业化水平;三要推进社会参与,将公众满意作为衡量教育服务效果的核心要素;四要以客观事实为依据,注重日常定期考核与结果考核相结合。

陈木朝等(2013)认为在对政府购买教育服务绩效评估指标建构过程中,需要综合考虑政府部门、服务供给机构和服务受众三个不同的维度。从政府的角度来评估购买教育服务项目的效率,应当包括政府购买服务项目的资源效率、监管效率以及项目所达到的社会效益三个方面。从公共服务供给机构的角度对政府购买教育服务评估,就需要考虑公共服务供给机构提供公共服务时的资源使用效率和服务质量、服务效果。基于服务受众的评估指标应当包括服务受众的覆盖面和服务受众的满意度。

闫海等(2014)建议我国政府购买教育服务的绩效评估可以借鉴西方国家政府支出绩效评估的3E原则,即经济性、效率性和有效性原则。以政府购买教育服务的资金运行和监管为主线,绩效评价分为过程绩效(包括配置绩效和耗用绩效)、成果绩效和监管绩效。

(5)政府财政保障制度。

王洪兵(2013a)认为教育服务的财政保障,一方面是保障教育服务购买所需财政经费的到位与充足,另一方面是保障购买教育服务的财政经费能发挥最大的效率和产生最好的效益。

周翠萍(2010)主张建立购买教育服务的财政保障制度,将政府购买教育服务经费要全部纳入预算管理,建立科学便捷的资金管理和拨付流程,建立起有效的财政监管体系,拓展政府购买教育服务的资金来源。

闫海等(2014)认为不同类型的教育服务应对应不同财政责任,即资金保障力度有所差异,相应地,分别选用全额购买、差额购买等方式,确保政府购买教育服务的充足资金来源。

诺尔曼·拉洛奎(2006)在分析了世界各国契约式教育服务供给的案例后,针对可能出现的风险和问题,他给出了全面而详细的改进建议:第一,通过契约的形式来实现教育服务的有效供给不仅需要政府进行详细的政策设计和安排,还需要政府具备良好的资源获取能力以及合同管理能力;第二,政策的具体落实需要有规范性和制度性的环境及条款明确的合同文本做支撑;第三,政府有必要对教育服务生产者和供给者的角色进行清晰的区分和界定,并采用公开、透明和充分竞争的方式来甄选最好的教育服务供应商;第四,为了确保签约机构能够胜任教育服务契约中所规定的各种繁杂的任务,政府应聘请独立的第三方评估机构来加强对其能力和绩效的全面评价;第五,应当明确科学合理的绩效指标,并建立健全绩效评估后的激励机制和约束机制;第六,在适当赋权的基础上,充分给予私人供应商自由和自主的活动空间,并建议采取周期较长的契约合同等。

Lewis et al(2012)认为,为了保证私人部门在提供教育服务过程中对公共利益的维护,政府部门必须确保十分有效的监管环境,这种监管环境也必须有强大并且透明的问责机制来支持,这不仅需要政策制定者对教育服务的质量负责,消息灵通的家长也应该通过政治途径对政府部门持有一定的问责权。

5. 购买教育服务存在的问题和风险

虽然我国政府购买教育服务具备一定的可行性,并且在一些地区也取得了一些实践成效,但是在购买过程中显现出来的购买问题以及可能出现的购买风险也不能忽视。

周翠萍(2010)认为,由于我们缺乏相关的政策法律环境、社会文化环境以及教育市场环境,我们在推行政府购买教育服务时就有可能出现以下问题:①教育服务作为一种"软服务",其价格估算机制很难确立。②企业中的招标投标机制不一定完全适用于政府购买教育服务。③政府缺乏管理合同的能力。这些问题的存在直接影响着购买教育服务政策的有效推行。同时,她还指出在政府教育职能转变不充分、市场发育不成熟、相关的政策法规和制度也不完善的情况下,政府购买教育服务的实施是存在一定风险性的,具体体现为:①教育市场发育不充分,市场规约机制不完善可能降低公共教育服务供给的效率和质量。②政府与教育专业组织之间的信息不对称和教育服务的特殊性使购买教育服务的价格估算比较困难,可能会导致政府教育服务供给的成本增加。③政府和教育专业组织之间的"寻租"行为造成公共权力与私人利益之间的交换行为等。

王洪兵(2013a)总结了广州在购买教育服务过程中存在的一些问题:提供教育服务的组织类型相对单一、没有形成购买教育服务的长效机制、教育中介组织的发展还不成熟、购买教育服务相关政策缺乏。

吴开华(2013)认为,由于教育作为一种"软服务",和实物产品差别较大,对服务成本和价格的计算、服务实施过程中的监控以及服务质量标准的界定都存在一定的困难。这就有可能导致在合同执行时产生各种合同漏洞。特别是在政府教育职能转变不彻底、监管机制建构不完善、市场发育不健全的情况下,实施政府购买教育公共服务还会产生购买过程不够规范、监督不到位、责任划分不清等问题,导致民办学校在供给教育服务时唯利是图,从而产生"第三部门失灵"。

程翔宇等(2014)通过对政府购买学前教育服务的现实性进行分析后认为,我国政府购买学前教育服务首先缺乏成熟的匹配环境,如从宏观层面来看,法律政策环境的欠缺,而从微观层面来说,在个人的文化与观念的更替上,我国还远远不够。其次是缺乏基于我国背景的有效实践经验,比如,还尚未有完善合理的招投标机制,如何合理地评估社会组织所提供的教育服务的市场价值及价格也是一个不得不面对的问题。

童小军等(2014)认为政府购买教育服务中政府与社会组织之间的关系是一种平等的以"契约"为基础的商品交换关系,属委托-代理关系。通过契约形式获得教育服务有许多优势,但也存在一些风险:①逆向选择风险;②服务提供者的道德风险;③政府官员的渎职风险。

4)寻租风险

刘玉山、汪洋、吉鹏(2014)分析了政府购买职业教育服务的实践困境,不仅面临政府购买公共服务的一般性难题,也势必受到我国体制环境的干扰和职业教育服务特殊性的制约。①购买过程中政府理性严重错位,表现在认知理性和价值理性两个方面。②职业教育服务的属性定位不清,其直接后果是政府购买的职业教育服务并不适合社会需求,购买方式并不能达至成本节约和质量最优。③教育中介组织的发展严重滞后。④信息不对称引起的契约类风险。

诺尔曼·拉洛奎(2006)认为政府通过购买的方式来扩充教育服务的生产和供给范围不仅会导致教育行政部门在控制教育服务所有权上的乏力,也会进一步造成政府对公众教育责任的流失,这种模式预示着教育服务全面私有化的开始,从政府购买的过程来看,教育服务的选择和竞争所带来的益处并没有平等和公平的扩散,反而使穷人和富人在享用教育服务上表现出了更大的不平等。

6. 购买教育服务的国际比较

国外政府购买教育服务始于20世纪80年代初期,经过近30年的实践探索,已经积累了比较丰富的实践经验,对我国推行政府购买教育服务具有参考意义。

陈世岚(2013)总结了国外购买教育服务的典型做法:①购买学券发放教育服务;②公立学校私有化经营;③以津贴或补助方式购买教育服务;④购买职业教育培训包;⑤资助性购买社区教育服务。同时,她还归纳了国外购买教育服务呈现出来的主要特征:①服务购买与政府向地区转移职能、增强地方治理能力的趋势相关;②非营利性组织是教育服务被购买的重要承接主体;③购买类型一般分为长期合作以及短期支持两种,公开竞标是最典型的购买模式;④以签署合同购买服务为主,直接资助、竞争性或随意性拨款、减免税的间接资助等为辅;⑤有一系列较为严格的操作程序;⑥健全立法规定,监管制度以结果为导向。

张为宇(2013)研究了法国政府购买私立学校教育服务的情况,在法国,政府与私立学校签署协作合同或简单合同并给予资助是政府购买学校教育服务的主要形式。政府对签约的私立学校(尤其是对签署协作合同的私立学校)的投入经费较多,对其教学管理和督导也比较严格。

王洪兵、温颖(2013b)认为美国政府购买教育服务属于典型的市场化模式,具有制度化、竞争性和独立性特征,其运行机制具有竞争择优的特点。美国政府购买教育服务的方式主要有合同外包、发放教育凭单、用者付费、特许经营。

王玲艳、刘颖(2011)分析了西方政府购买教育服务的运行机制,一般来说,西方政府主要向非营利组织购买服务,并主要集中在卫生、社会服务、教育科研等领域。就教育领域而言,各国购买服务的侧重点也有所不同。美国和日本的非营利组织参与的重点在高等教育方面,尤其是大学和研究生教育;法国的非营利组织则主要涉及中小学教育;意大利的非营利组织则主要关注教会学校和职业学校。西方政府购买公共服务的方式多样化,同时按照法律法规对提供公共服务的社会组织进行质量监控。

(二)研究中存在的问题

通过文献整理,从目前的研究来看,研究者已经开始对我国政府购买教育服务进行了广泛的探讨,取得了一些具有理论意义和实际意义的研究成果。由于该领域的研究时间不长,目前研究中仍存在一些不足,如:

(1)研究者对政府购买教育服务的研究大多借鉴政府购买其他公共服务的研究成果,其中包括购买模式、购买中存在的问题以及提出的购买对策等,在教育服务领域还没能全面展开能体现其自身特点的研究。

(2)政府购买教育服务的过程中存在的问题和风险是学者们研究的一个

重点,但在购买的对策研究中,一些学者只是对购买制度建设以及运行机制泛泛而谈,还有很多细节性的问题,诸如购买内容如何定价、合同如何管理、购买效果如何评价等很多问题都缺乏具体的应对之策。

(3)研究的领域有待进一步拓宽。目前对政府购买教育服务的研究领域主要集中在学前教育、基础教育,而对高等教育领域内的政府购买服务的研究几乎还是一片空白。

(4)在借鉴国外政府购买教育服务的相关经验并付诸我国的教育实践时,应考虑到国与国之间在政治体制、文化传统、社会环境等诸多方面的差异,并将他国经验本土化、创造性地加以实施。

(5)在研究的方法方面,国内学者对政府购买教育服务大部分都是进行定性研究,相关的定量研究不足。

(三)研究展望

伴随着我国政府购买公共服务活动的逐渐推进,我国学者对中国教育服务的政府购买研究,无论在购买理论上还是在购买实践上都取得了一定程度的进展,特别是随着购买领域的不断扩大,从购买学前教育服务到购买社区教育服务再到购买农民工子女教育服务、职业教育服务,政府购买教育服务势必会成为政府购买公共服务的重点研究内容。

展望未来,目前还有许多难题需要我们进一步深入研究。例如,从购买的需求出发一直到购买评估的结束,这一购买过程政府应该如何进行战略性管理;在购买的过程中,政府、市场和社会这三大主体之间的利益博弈是如何进行的;如何对其进行合法性的规约;教育服务作为一种"软服务",如何对其进行价格估算;以及应该怎样建立一套灵活、高效的购买机制,特别是绩效评价机制;政府购买教育服务的模式在不同地方是否都普遍适用;在非义务教育领域,尤其是高等教育领域如何推进政府购买服务。这些问题都需要我们进行深入的思考和讨论,也只有在这些问题得到解决后,政府购买教育服务才能在实践中得以成功推行。

四、研究思路及方法

本书将在理论研究、国际比较研究、实践调研的基础上,聚焦于政府购买教育服务的体制机制、推进策略与途径等问题,提出深入推进政府购买教育服务的政策建议,为我国政府购买教育服务的实践领域和理论研究领域提供参考借鉴。

首先,通过对政府购买教育服务的理论分析,解决政府购买教育服务在理论上"是什么"以及"成立的前提是什么"的问题。

其次,通过梳理国内外政府购买教育服务在实践中是如何实施操作的,有哪些成效,存在哪些问题,对国内外政府购买教育服务进行行为研究和价值研究,解决我国政府购买教育服务政策的实施推广"是否可行"的问题,并提供可借鉴和参照的经验做法。

最后,对深入推进我国政府购买教育服务提出对策建议,解决我国政府购买教育服务政策的实施推广"应该是什么""应该怎么做"的问题。全书具体结构如下:

第一章:政府购买教育服务的理论基础。研究内容主要涉及政府购买教育服务的内涵与边界、政府购买教育服务的理论依据。

第二章:国外政府购买教育服务实践及对我国的启示。研究内容主要涉及国外政府购买教育服务的背景、基本做法与经验;国外政府购买教育服务的实践案例;国外政府购买教育服务的运行机制对我国的启示。

第三章:我国政府购买教育服务的实践考察与案例分析。研究内容主要涉及我国政府购买教育服务的背景及概况;我国政府购买教育服务的一般做法与经验;各省市的具体实践案例;当前我国政府购买教育服务存在的问题。

第四章:创新我国政府购买教育服务机制的理论与政策思考。研究内容主要涉及政府购买教育服务的指导思想与原则;建立政府购买教育服务的运行机制;政府购买教育服务机制的推进步骤;政府购买教育服务机制运行中应注意的问题。

第五章:创新建立我国政府购买教育服务的运行机制。从购买主体与承接主体、购买内容和指导性目录、购买方式和程序、经费预算与财务管理、风险防范与过程监管、绩效评价和项目验收等环节建立政府购买教育服务的运行机制。

第六章:政府购买教育服务机制的推进步骤及注意问题。要扎实推进政府购买服务工作,就必须转变观念,正确认识政府购买教育服务的意义,并且要积极试点、稳步推进政府购买教育服务;同时,还要根据购买教育服务运行的具体问题,通过规则理清各方关系,提升政府管理能力,进一步扶持社会组织的发展,使购买教育服务落到实处,要切实做好购买当中的风险预防工作,确保购买机制的长效健康。

作为应用研究,本研究主要采用以下研究方法:

1)文献研究

该研究方法主要运用于对各种类型的期刊文献资料进行收集、分类、整理与分析,了解当前研究现状,搜集相关法律、政策文本,为本研究提供认识、分析、研究的事实性依据和理论基础。

2)比较研究

通过对国内外政府购买教育服务的比较研究,揭示与概括其实施所需的外部环境与现实问题,从而为政策的实施和推广提供借鉴与参照。

3)访谈调查

本研究将通过问卷和深度访谈的方法,对地方教育行政部门负责人、学校相关负责人、社会组织相关负责人等展开调研,获取第一手资料,为理论和实践研究提供依据。

4)案例分析

本研究将选择国内外政府购买教育服务的典型案例加以介绍与分析,总结国内外政府购买教育服务已取得的经验,揭示其存在的问题,佐证观点,以期为购买教育服务机制的创新提供参考。

第一章 政府购买教育服务的理论基础

一、内涵界定

(一) 教育服务

关于教育服务的概念,马克思曾论述道:"有些服务是训练、保持劳动能力,使劳动能力改变形态等,总之,是使劳动能力具有专门性,或者仅仅使劳动能力保持下去,例如,学校教师的服务、医生的服务,购买这些服务,也就是购买提供'可以出卖的商品等',即提供劳动力本身来代替自己的服务,这些服务应加入劳动能力的生产费用或再生产费用。"(马克思 等,1979)[159]"服务这个名词,一般地说,不过是指这种劳动所提供的特殊使用价值;但是这种劳动的特殊使用价值在这里取得了'服务'这个特殊名称,是因为劳动不是作为物而是作为活动提供服务的。可见,这一点并不使它和某种机器(如钟表)有什么区别。"(马克思 等,1979)[453]"对于提供这些服务的生产者来说,服务就是商品。服务有一定的使用价值(想象的或现实的)和一定的交换价值。"(马克思 等,1979)[149]

从经济学的视角来看,一些学者认为教育服务就是教育产品,是一种服务形态的产品。比如,厉以宁(1999)认为:"教育服务就是教育部门和教育单位所提供的教育产品。"而靳希斌(2003)则认为:"其一,教育是一种具有服务性质的实践活动,教育服务就是教育活动的产品,或者说是一种服务形态的产品,教育产品是教育服务;其二,教育服务这种产品就是商品,它既具有使用价值,也具有交换价值,虽然它有特殊性,但同物质商品没有本质的区别,只是形式不同;其三,作为生产者来说,在教育市场上所提供的是教育服务的质量、品牌和特色,而作为消费者来说,在教育市场上要求购买的是优质教育、特色教育和品牌教育消费品。从总体上来说,教育服务是消费品,但这种消费品需要学校去生产,教育服务产品的生产与消费是不可分割的。"

从教育学的视角来看,教育服务就是向社会公众提供的满足人们物质和精神需要的教育活动及其结果。教育是培养人的社会活动,教育有不同于其他社会活动的特殊性。因此,教育服务也具有不同于其他公共服务的独特性。

首先,教育以培养人为目的,教育服务的对象一般是学生。政府在购买教育服务的过程中应遵循教育基本规律,其出发点不只是简政放权,转变政府职能,提高工作效率,更应该体现在解决教育中关乎学生的根本利益的实际问题,提高教育质量与效率。

其次,教育服务的社会属性体现在公益性与生产性的双重性。其公益性表现在服务面向全体社会成员,增进社会公共利益,不以营利为目的,强调非经济价值取向。由于教育的公益性,它作为一种公共消费,通常都是由政府免费提供或不计成本价格提供的,因而政府的公共财政支出一般是教育经费的主要来源。这也造成了可承接教育服务的机构或组织并不多,且范围窄、经验不足、资质不够成熟。其生产性主要指将市场机制引入教育领域,运用市场法则和机制管理学校和其他教育机构,以增加教育资源总量,提高教育资源利用效率,为人们提供更多的教育选择机会。政府购买教育服务的行为更要遵循市场法则,以合同的形式约定购买内容、购买价格、成交方式、绩效考核与评估。

再次,教育服务的特殊性更多地体现在对人的素质的培养。购买教育服务,通常是显性的投入、隐性的产出,因而难以进行准确定价、成本核算和绩效评估。购买教育服务与购买其他公共服务相比,不同于残疾人康复训练服务可以评估其康复效果,也不同于民办体育机构提供的文化体育设施服务可评估其利用率。

综上,教育服务作为一种特殊形态的教育产品,除了具有一般商品的属性,具有价值、使用价值和交换价值以外,又具有不同于其他社会服务产品的独特性,教育服务可以走进市场,但必须遵守教育发展的基本规律。

(二)社会组织

广义的社会组织是指除党政机关、企事业单位以外的社会中介性组织,狭义的社会组织是指由各级民政部门作为登记管理机关,纳入管理范围的社会团体、民办非企业单位、基金会这三类社会组织。社会组织具有民间性、自愿性、自治性、非营利性、公益性特征。非营利性是社会组织的第一个基本属性,是区别于企业的根本属性。民间性、自愿性、自治性,即非政府性,是社会组织的第二个基本属性。公益性或互益性是社会组织的第三个基本属性。

关于教育社会组织,有学者认为,教育社会组织是主要活动在教育领域的非政府组织,目前,在我国可分为教育类社会团体、教育类民办非企业单位和教育基金会三类,它的"非政府性"内涵和特征并非一成不变,而是与其所处的具体社会历史背景相适应的,是公益性、自主性、专业性和历史性的统一。(孙艳 等,2012)学者童宏保(2008)认为,教育行业中的社会组织是指在政府教育行政部门和公立学校之外的民间组织,按照教育社会组织的职能可分为教育社团、教育学会、教育协会、教育基金会、民办学校、教育中介组织等几种形式。毛明明(2016)认为,教育社会组织指的是以促进公共教育利益为目的,提供教育专业服务为职责,介于教育行政组织和办学实体之间的非政府组织。

教育中介组织是教育社会组织的重要组成部分,它是指在教育领域内承担联系政府、市场、学校等主体之间关系的"中介"职能,提供教育服务的社会组织。具有非营利性、独立性、专业性、服务性等特征。教育中介组织在构建我国公共教育服务体系的过程中发挥着重要作用。

(三)政府购买教育服务

我国财政部在2014年12月印发的《政府购买服务管理办法(暂行)》中对政府购买做出了概念界定:"政府购买服务,是指通过发挥市场机制作用,把政府直接提供的一部分公共服务事项以及政府履职所需服务事项,按照一定的方式和程序,交由具备条件的市场力量和事业单位承担,并由政府根据合同约定向其支付费用。"因此,政府购买服务的特征是:第一,不同于政府采购,政府购买更多的是指政府作为提供某类公共服务的责任主体而进行的狭义层次的购买;第二,政府购买的本质应该是公共服务的私人生产,它是公私合作的一种具体形式;第三,政府购买公共服务的承接主体多样化,但主要是社会组织;第四,政府购买具有明显的市场交易的特点,它不同于政府补贴或者政府资助;第五,整个政府购买的过程应该通过签订合同来实现。(毛明明等,2015)

政府购买教育服务是政府购买公共服务的一部分。公共服务是包括加强城乡公共设施建设,发展教育、科技、文化、卫生、体育等公共事业。教育服务是教育领域内除硬件设备、基础设施以外的其他政府采购对象,包括政府向社会公众提供的教育服务和行政部门自身需要的教育服务。购买教育服务是政府向民众提供公共教育服务的一种方式。

综上,我们将政府购买教育服务定义为:通过发挥市场机制作用,把政府向公众直接提供的一部分教育服务事项以及行政部门履行职责所需教育服务事项,按照一定的方式和程序,交由具备条件的社会组织和经济组织承担,并由政府根据合同约定向其支付费用的行为。

二、理论依据

(一)新公共管理理论

新公共管理理论是 20 世纪 80 年代以来,兴盛于英国、美国等西方国家的以市场为导向的一种新的公共行政理论和管理模式,它是西方规模空前的行政改革的指导思想之一。旨在克服政府面临的危机,提高政府的效能和合法性。它基于对传统公共行政模式的考量,对行政与管理概念的再认识,对公共部门的抨击的回应,对经济理论的变革、私营部门的变革和技术变革的再审视。它是以国家和社会之间关系的调整和政府自身管理手段、过程、模式的重塑为主线,以解决新时代政府管理社会和管理自身事务问题为宗旨,以经济、效率和效能为基本价值的管理理论。其内涵有三种代表性的观点。OECD组织认为,新公共管理就是增强和提高公共产品和服务能力的两个途径:提高公共组织的生产绩效和人力资源管理水平;充分利用私营部门建立一个可靠、有效、有竞争性和公开的采购体制。休斯(Owen E. Hughes,2008)认为,新公共管理存在两大趋势:一是公共部门向市场化发展;二是不断脱离官僚体制。胡德(Christopher Hood)认为,新公共管理对管理过程是一个全新的改造,归纳了新公共管理七方面的内涵与特征:实践性的职业化管理、绩效的明确标准与测量、产出控制、单位的分散化、竞争性、私人部门管理的风格、纪律与节约。

休斯(2008)认为新公共管理具有六个方面的特点:一是注重结果和管理者责任;二是强调组织与人员调配的弹性;三是强调改善的财政管理;四是提出购买者与提供者的分离与新合同主义;五是注重管理者与政治官员之间的互动关系、管理者与公众之间的直接责任关系;六是强调竞争性、重视对私营部门管理方式的运用。

奥斯本和盖布勒(2006)在《改革政府:企业家精神如何改革着公共部门》一书中概括了十大原则诠释新公共管理理论:①起催化作用的政府:掌舵而不是划桨;②社区拥有的政府:授权而不是服务;③竞争性政府:把竞争机制引入提供服务中去;④有使命的政府:改变按章办事的组织;⑤讲究效果的政府:按效果而不是按投入拨款;⑥受顾客驱使的政府:满足顾客的需要,而不是官僚的政治需要;⑦有事业心的政府:有收益而不浪费;⑧有预见的政府:预防而不是治疗;⑨分权的政府:从等级制到参与和协作;⑩以市场为导向的政府:通过市场力量进行变革。

尽管新公共管理理论在发展的过程中遭到了不少的批评,但需要肯定的是,它通过推进改革管理的整体的多元化和公共管理手段的企业化,促使政府不再担当公共产品和服务的唯一提供者,而是担当公共事务的促进者和管理者,它有助于提高公共管理的有效性和促进社会可持续发展。

(二)后新公共管理理论

20世纪末,新公共管理由于一系列的限度而逐渐式微,学者们普遍质疑新公共管理理论的有效性。从20世纪90年代中后期开始,英国、美国、澳大利亚、新西兰等国家先后推行了明显区别于"新公共管理"改革的第二轮政府改革,即"后新公共管理"改革。

后新公共管理是一个复合式的概念,不仅包含了整体政府,还包括协作治理(Collaborative Governance)、新公共治理(New Public Governance)、数字时代治理(Digital Era Governance)、元治理(Meta-governance)、新韦伯主义国家(Neo-Weberian State)、公共价值(Public Value)、新公共服务(New Public Service)等。后新公共管理改革的一些要素包括:治理、协作、整体、网络化、多元、开放、伙伴关系、参与、协商、集体偏好、透明、绩效、信任、期望、满意和结果等。(孙珠峰 等,2015)

后新公共管理遵循着"一个前提""一条途径"和"三重保障"的改革行动逻辑。它试图将实现"效率"和"民主"两大价值彼此共融作为改革的前提;在此前提下,主张通过强化跨部门组织之间的沟通与合作这条途径来提高政府公共服务的效率与品质;并通过适度集权以增强中央政治-行政领导层对下级部门的控制能力、通过信息技术再造以打破合作组织间的衔接壁垒、通过重塑行政文化以实现共同的合作愿景这三重保障来达到合作目的。(曾保根,2011)

其中,比较有代表性的理论有新公共服务理论、整体政府理论等。

1. 新公共服务理论

新公共服务理论是从市场和经济学的角度重塑行政的理念和价值,从而建立了一整套全新的行政发展架构的理论体系。在对新公共管理进行批判和反思的基础上,一些学者提出了新公共服务的新理论。

新公共服务理论主要包括如下内容:

(1)政府的职能是服务,而不是掌舵。

新公共服务理论强调政府的职能是服务,而非掌舵。在新公共管理理论中,奥斯本和盖布勒指出新公共管理的基本原则之一便是——政府是催化作用的,要掌舵而不是划桨。也就是说,新公共管理理论倡导的政府职能更侧重于政府决策层面,而非执行层面。新公共服务理论的提出者登哈特认为,当前许多行政官员都更加关注"掌舵",即"他们更加关注成为一个更倾向于日益私有化的新政府的企业家",而政府的工作重点应该是服务。

(2)追求公共利益。

公共利益不是公民个人利益的叠加或集合,而是管理者和公民的共同利益和共同责任,它是目标而不是副产品。"公共行政官员必须致力于建立集体的、共享的公共利益观念……要创造共享利益和共同责任",政府应该致力于为公众营造一个无拘无束的、真诚的对话环境,使公民能够清楚地表达共同的利益以及价值观念,使公共利益居于主导地位,并鼓励公民为了公共利益采取一致行动。

(3)为公民服务,而不是为顾客服务。

新公共服务理论认为政府与公民的关系不同于企业与顾客的关系,因此政府服务的对象是全体公民,顾客的需求有先后之分,利益有长期和短期之分,而对于公民,政府必须关注其需要和利益,要以公平和公正为原则为他们提供服务,因此没有先后之分,政府要关注的是全体公民的公共利益,而公共利益产生于关于共同价值观念的对话中,故政府必须要努力在其与公民的关系中建立信任与合作关系,注重公民的呼声。

(4)重视人,而不只是重视生产率。

新公共服务理论家强调通过人进行管理,公共组织及其所参与的网络要在尊重所有人的基础上,通过合作和分享领导权来运作。如果要求公务员具有责任心、奉献精神和公民意识,那么公共管理机构的管理者首先要善待这些公务员。公务员既不是一种只需要保障和组织的官僚职业的雇员,也不只是市场的参与者,他们希望自己与他人有所区别,要求得到承认和支持,希望能够实现自身价值。

(5)公民权和公共服务比企业家精神更重要。

企业家注重的是最大限度地提高生产率和增加企业利润,而公共行政官员绝对不能采取这样的行为和思维方式,他们不是公共机构的所有者,政府的所有者是公民。公共行政官员有责任通过担当公共资源的管理员、公共组织的监督者、公民权利和民主对话的促进者、社区参与的催化剂以及基层领导等角色来为公民服务。因而,公共行政官员必须将其在解决和治理公共问题的角色定位为负责任的参与者。

2. 整体政府理论

整体政府(Holistic-Government)是针对新公共管理改革导致的政府管理碎片化的弊端而出现的一种新的政府管理理论。

整体政府强调在公共政策与公共服务的过程中,采用交互的、协作的和一体化的管理方式与技术,促使各种公共管理主体(政府、社会组织、私人组织以及政府内部各层级与各部门等)在共同的管理活动中协调一致,达到功能整合、消除排斥的政策情境,有效利用稀缺资源,为公民提供无缝隙服务。提供优质的公共服务是整体政府的根本目的,政府机构功能的"整合"(Integration)是其精神实质,各种方式的"联合"或"协同"(Joined-up)、"协调"(Coordination)则是其功能在管理上发挥作用的基本特征。(唐兴霖 等,2011)

(三)公私伙伴关系(PPP)理论

PPP 是 Public-Private Partnership 的英文首字母缩写,是指在公共服务领域,政府采取竞争性方式选择具有投资、运营管理能力的社会资本,双方按照平等协商原则订立合同,由社会资本提供公共服务,政府依据公共服务绩效评价结果向社会资本支付对价。PPP 理论强调以市场竞争的方式提供服务,主要集中在纯公共领域、准公共领域。PPP 不仅是一种融资手段,而且是一次体制机制变革,涉及行政体制改革、财政体制改革、投融资体制改革。

有研究者将 PPP 的特点归纳为:首先,公私合作的主体主要是公共部门(政府)和私人组织,在广义上也包括非政府组织等社会组织;公私合作涉及的领域比较广泛,包括政府内部职能领域、公共基础设施建设领域,也包括基础教育、公共医疗、养老服务等福利领域;其次,合作双方是基于共同的公共价值目标而达成的协作关系,同时双方利益共享、风险共担;再次,公私合作的方式有多种,可以是主体双方共同出资建设公共设施,共同经营公共服务或产品;也可以是政府出资建设,私人组织经营;还可以是私人组织生产,政府提供等;最后,在合作关系的管理中,双方可以通过签订契约来进行双方责、权的规约,也可以是基于信任而进行的互帮互助,这一点正如萨瓦斯所说的公私伙伴关系,泛指政府和私营部门之间的任何协议。(毛明明,2016)

PPP理论在教育服务供给中运用的现实意义。近些年来,通过公私合作的方式来供给公共物品或公共服务在全球得到了积极的响应,作为一种公共服务创新供给的方式,它使公共部门与私营部门基于各自的专业知识的合作机制签定契约,由私人部门提供资本和专业技能,按预算交付项目,合理地分配资源、分担风险和分享收益。从我国实践看,在教育服务领域对PPP模式的发展和运用不仅为政府提供了一个全新的教育融资方式,更是对创新教育管理模式和教育治理机制的现实回应。一方面,教育行政部门通过公私合作来提供教育服务可以较为有效地缓解公共教育财政压力,实现对教育成本预算的控制,弥补政府自身供给教育服务的动力不足,并通过吸收私人组织和教育社会组织将先进的教育技术和管理经验以最有效的成本为公众提供高质量的服务,提升政府供给公共教育产品的质量和水平;另一方面,民营教育机构和教育社会组织和政府部门之间通过资源之间的优势互补,发挥各自优势,来满足公众对优质、多元的教育服务的需求,提供高质量的服务,同时私人部门和教育社会组织通过PPP模式的运作不仅可以更为方便地进行教育融资,还可以获取政府的支持,促进自身持续和稳定地发展。由此可见,在政府购买教育服务这一公私合作供给教育服务模式中引入PPP理论来指导实践过程具有重要的现实价值。

第二章 政府购买教育服务的国外经验及对我国的启示

一、产生背景

国外政府购买服务的出现,主要受各国在经济状况、政治制度、思想文化和教育状况等多方面因素的影响。

(一)政府购买服务是解决国家财政压力的重要手段

在国际上,政府购买公共服务是公共服务市场化的普遍方式。自20世纪70年代起,随着西方国家政府公共债务的迅速增长,政府开始鼓励私营资本进入由政府提供公共产品或服务的公共基础设施领域。20世纪80年代,为了弥补公共财力的不足,西方国家政府利用私营投资者的资本和技术优势,主动引导私营投资者参与公共基础设施建设,建立合作伙伴关系。后来逐渐扩充至卫生、文化、教育等其他公共服务领域。如美国政府为解决长期居高不下的财政压力,决心"以私补公",即通过立法的形式保护和促进私营部门进入公共服务领域,以优胜劣汰的竞争机制调动全社会的力量参与到公共服务的供给中来,最终实现提高公共服务质量、降低公共服务成本、减轻财政负担的目标。

(二)政府购买服务是提高政府工作效率的关键举措

各国政府购买教育服务的大背景普遍缘起于20世纪80年代新自由主义影响下的政府占主导地位的国家和福利国家,政府在社会服务方面的开支日益庞大,政府机构从事社会服务的效率日益低下,为控制财政赤字,各国政府开始大规模削减福利支出。西方国家经历福利危机之后,纷纷进行大规模的福利改革,开始走"第三条道路",从"福利国家"走向"多元福利",强调国家不再是唯一的福利提供者,把市场和非营利的志愿性组织引入福利供给,实行国家、集体和个人共同参与、风险共担的积极福利政策。主要是在公共财力不足、公众对政府向社会提供福利的不满、宗教团体纷争等因素的影响下,西方政府开始转变观念,向社会组织购买由政府出资的公共服务,其最早出现在公共基础设施领域。

(三)政府购买服务以新公共管理理论为基础

国外政府购买教育服务行为的理论基础是以公共选择理论、委托代理理论和治理理论为核心的新公共管理理论。新公共管理是以商业和市场为原则,在新自由主义的基础上,允许私营管理技术进入公共部门的一种共生状态。根据商业原则中行使效率优先原则,所有人的行为都是出于自身利益和利润的最大化。

新公共管理理论来自盎格鲁美洲的传统,受到如世界银行和国际货币组织等大多数国际金融机构强烈推荐。它源于20世纪80年代新自由主义影响下的政府占主导地位的国家(特别是撒切尔执政的英国和里根执政的美国)和感知危机的福利国家。但是,全面开花结果是在20世纪90年代初。新公共管理理论在不同国家根据本国具体情况和政治经验,以不同的方式被实践,桑福德·伯伦斯(Sanford Borins)总结出以下共同特点:

(1)提供高品质的服务,体现公民价值;

(2)要求、测量和奖励提高组织和个人绩效;

(3)崇尚管理自主权,特别是减少中央机构控制;

(4)认识提供人力和技术资源管理的重要性,满足他们的绩效目标;

(5)保持接受竞争和开放的意识,同时明确哪些公共服务应该是由公共部门负责而不是私人部门或非政府组织提供。

新公共管理可以被解释为公众与其选出的代表之间的协议。公众和政治家希望公共服务部门提供高质量的公共服务。戈尔(Albert Arnold Gore Jr.)称之为"使政府工作得更好和成本少"。为了实现这一目标,他们愿意给公共服务部门更多的管理自主权,以及人力和技术资源(即培训和信息技术),以满足他们的目标。此外,公众和政治家都愿意通过绩效工资奖励优秀人员或组织。最后新公共管理范式的组成部分就是以这样的方式执行协议。但如果公共服务部门不提高性能,政客和公众都愿意在公共部门中引入竞争,或将活动给予私人部门或者非政府组织。鉴于多种强大融合触发变革,国家发起了全面的公共部门改革程式。他们的计划包括私有化,政策部门的结构改革,财政管理改革,机构分别运营以提高服务质量等举措。这些改革被普遍称为"政府再造,改变服务提供状态"。

(四)政府购买教育服务以提高公立教育质量为目的

政府购买教育服务主要是为解决政府公共教育财政危机及提高公立教育系统的质量与效率问题而实施。经过30余年的实践与发展,政府购买教育服务已成为英国、美国、德国、荷兰、法国、澳大利亚等国家普遍实施且日益通行的做法。在促进政府教育职能转变、吸引社会力量参与教育事业、提高教育服务供给的多样化、可选择性等方面都取得了显著的政策成效。

二、典型案例

政府购买教育服务已在诸多国家被普遍推行,本章主要介绍美国、英国、日本、澳大利亚、印度、意大利、巴基斯坦等国家的实践案例。

(一)美国

美国是开展政府购买服务实践最典型的国家。美国政府通常采用合同外包、特许经营、提供补助、凭单和委托等形式开展政府购买服务。教育券的实践最早始于1869年的佛蒙特州和1873年的缅因州。20世纪50年代,美国经济学家米尔顿·弗里德曼(Milton Friedman)提出了教育券及其系统理论。目前,教育券在美国乃至世界上多个国家和地区得到了较为广泛的实施。特许学校是在特许状或合同制下以绩效责任制为基础的公立学校。特许学校在保持公立学校身份的前提下获得了比传统公立学校更大的办学自主权,其关键特征是将公共资金支持和私人管理相结合。特许学校也可以由

第二章　政府购买教育服务的国外经验及对我国的启示

私立的教育机构运转,发挥市场机制在学校选择中的应用作用。

1."教育券计划"

教育券是指政府将教育经费折算成有价凭单,发放给所有适龄儿童的家长,用来充抵学费。主要有三种发放方式:一是收入标准教育券,即政府向低于一定收入标准的家庭发放资金供其支付子女入学的学费。二是弱校教育券,即为较差学校(连续两次被评为"F"等级的学校)的学生提供的学券,供其选择其他学校就读。三是特殊学生教育券,如"麦凯奖学金计划",它是美国第一个完全以残疾学生为对象的"教育券"计划。

美国"教育券计划"始于1990年,主要在密尔沃基和佛罗里达州推行。

密尔沃基州"教育券计划"针对1至12年级来自低收入家庭,使他们能够参加认证的世俗或宗教的私立学校。私立学校必须经过认证,按照国家认可的测试,不能高于凭证金额收取费用,但可能会对课外活动收费。2007年,密尔沃基州共有121所学校参加"教育券计划",教育券数量的上限为22 500张(2006年同期为15 000张),教育券值6 352美元/位学生,拥有教育券人数超过1/4的密尔沃基学区学生。(Patrinos et al,2009)

"麦凯奖学金计划"在佛罗里达州主要是向不满孩子现有学校的家长提供特殊需要,给予他们转移到另一所公立学校的机会。在2007/2008学年,在佛罗里达州该计划提供了18 919名特殊需要的学生有机会就读私立学校,在2006/2007学年共支付119.1万美元给奖学金计划的参与者。

2."特许学校计划"

20世纪90年代初,美国公立"特许学校计划"先后在40个州推行,特许学校由美国州或市政府与包括教师、家长、社区团体或私人组织在内的公立学校签订合同,规定了学校的组织和管理方式、学生的学习内容和期望达到的目标以及绩效评估方式。特许学校受到政府的指导和监管,但在聘用教师、经费使用、课程设置、校历安排等方面享有很高的自主权,州政府按公立学校标准每年拨付生均经费,其经费使用也不受学区教育局管辖。"特许学校"运作不受限于适用公立学校的规定,比标准的公立学校的规定少,一般授予3至5年的管理年限,但必须符合加强问责制的要求,必须符合学术标准、课程标准、合同管理。学校可实行社区化管理或将管理外包给营利性或非营利性的学校管理者,最终达到提高教学质量和管理效率的目的。在2007—2008年,有超过4 000所特许学校,拥有大约120万的入学人数。(Patrinos et al,2009)

在美国,特许学校像教育券一样给家长选择学校的机会。但是这两个系统之间有三个主要区别:①政府机构必须批准特许学校的建立和持续运行,而学校教育券的学生不需要明确的操作许可;②特许学校不准促进宗教,而学校教育券的学生往往有一个宗派隶属关系;③特许学校对学生在州和联邦测试的成绩负责,而对持学校教育券的学生没有。

3. 合约学校

合约学校一般是私人管理,但仍然是"公有公助"。通常情况下,私营部门经营者会承接管理最差的学校,但必须满足性能基准、得到生均经费(通常与公立学校相同)以及固定的管理费。教学和其他工作人员继续由地方当局雇用。学生不用交学费。其效果主要是建立问责制、提高办学质量、提高管理效率。

(二)英国

英国是实行政府购买公共服务相对比较成功的国家,形成了相对完善的服务购买的法律与制度。政府通过相关法律、政策、文件的制定保证政府购买公共服务行为的合法化、流程的科学性和购买内容的合理性。英国政府购买教育服务主要有三个特点:①强调购买的法律与制度完备,资金保障充足;②购买对象以非营利社会教育组织为主;③注重购买规范,强调合同监管。

1."公助学额计划"

1980年,英国引入"公助学额计划",主要通过财政支持来自低收入家庭的优秀学生就读私立学校。该计划废除于1997年。政府每年从地方税收中拨出7 000万英镑资助约5 000名以上低收入家庭的优秀学生。该计划在1993—1994学年提供给约3万名学生。(Patrinos et al,2009)例如,位于威布里治地区的圣乔治学校根据家庭年收入2.5万英镑、3.5万英镑、5万英镑三个等级,分别实行100%、50%~75%、25%~50%三种等级的受助学额。

2. 合同让渡法案

合同让渡法案主要是允许地方教育当局自愿以合同的方式将地方教育当局的一些教育职能让渡给某些由教育与技术部提供的经过其认证的私人机构,如教育改进、课程咨询服务、阅读写作与计算策略和监督服务,预算和资金管理、人力资源和信息技术服务等,但对关键计划和预算的批准等关键性职能不能让渡。

3. "教育行动区"

"教育行动区"主要涉及学校、当地教育当局、其他当地组织、商业社区、高等教育机构等。地方议会让私人机构运行管理失败的学校、管理教育行动区(由20个小学、中学和特殊学校组成的本地集群)。"教育行动区"的目的是要将此项运行由3年延长至5年,在这之后他们可能转变为"精英集群",最终提高教育质量,促进创新,也增加学校间的合作。

(三)澳大利亚

澳大利亚政府购买服务主要基于需求驱动模式,通过制定翔实、完整的购买目录和健全的购买政策体系,使购买主体清晰、责任明确。

1. "公共资金用于独立学校计划"

独立学校主要是非官方学校,如私立学校、教会学校等。该计划的合作伙伴主要是澳大利亚政府、公立学校、私立学校、教会学校。澳大利亚私立学校接受经常性资金和投资资金,经常性资金比例更大。经常性资金的提供一般有两种形式:每个学生助学金;针对学生中目标群体的特殊资金形式。支付给个别学校的资金主要依据学校的社会经济地位,累积递增。

2. "职业教育培训包"

澳大利亚政府对职业教育采用购买"培训包"的方式,按学生数、课时数、单位时间授课费三者相乘的得数,拨付教育培训经费给公立或私立的注册培训机构。澳大利亚政府对职业教育的投入约占其总经费的50%~80%。联邦政府负责投资购置基建和部分专项设备,以及购买需要优先发展的领域或专业。州政府则购买职业教育培训的管理服务和日常运作开支。政府按照管理企业的模式来管理培训机构。例如,如果没有通过政府组织的评估,则须将相应的资金退还给政府。

3."辅助性优惠券倡议"

"辅助性优惠券倡议"主要是指得分低于全国阅读基准的父母、看护人和儿童有资格获得价值高达700美元的教育券。为学费前和学费后评估而支付的教育券以及一些阅读课时的学费转换成了一对一的课余时间。该倡议是由负责审核学生资格、签约导师、为父母及监护人提供多种教育选择并管理该项倡议的经纪人负责。该计划占政府财政的2000万美元经费,主要用来提高读写技能,提高教育质量。

4."新学校工程"

"新学校工程"主要在澳大利亚南威尔士、南澳大利亚、昆士兰等区域。这项工程涉及私人运营者和政府教育、培训部之间,主要是购买基础设施服务和教育服务。如南威尔士的"新学校工程"是私营部门按照教育部建立的标准融资、设计和构造公办学校,还为建筑、设施和设备提供清洗、保养、维修、安全性、实用性等相关服务,一直到2032年。民营运营商接受与性能相关的每月付款。在合同结束时,建筑物被转移到公共部门。南澳大利亚的"新学校的教育工作"的主持者是南澳大利亚政府、教育与儿童部,由私营部门提供新学校基础设施。该项目按2006—2007年预算,其价值估计为128亿美元,这些资金支持六个新学校的发展。

(四)日本

早在欧美国家新公共管理运动兴起之前的20世纪60年代,日本政府已开始着手构建向社会力量购买公共服务的制度,即所谓的"政府购买服务制度"。目前,日本在政府购买公共服务方面已经形成了完善的民间委托制度、PFI制度、指定管理者制度和市场检验制度。

1."教育券"

日本在购买教育服务、高等教育服务中,"教育券"的形式主要有三种:一是义务教育阶段对公立学校采用广义的"教育券",依据学生数、教师数、基本学校维持费用确定学校的预算,主要保证了学生规模,在提升教育质量方面的作用较弱;二是义务教育阶段对私立学校采用狭义的"教育券",由学生人数决定学校预算,发挥竞争原理,目标在于提升质量,提供多样化的教育服务;三是高中和大学阶段采用特殊形式"教育券",如经济负担减轻等特殊目的"教育券",主要救济低收入家庭学生和特殊儿童,竞争原理基本上不起作用。

2."公民馆"

日本资助性购买社区教育服务的方式是设立公民馆。日本以立法形式(《社会教育法》,1949年)确立公民馆为日本社会教育机构。公民馆是非营利性的,其设备和日常费用主要靠政府资助。公民馆的利用率很高,具有公益性、开放性、综合性、社区性、教育性和自治性的特点,在建设和谐社会、和谐社区方面发挥着重要的作用。在日本,90%以上的市町村均设有公民馆,几乎每个城市的中学,农村的小学的社教区内都设有公民馆。

(五)印度

1. 政府补助—私人管理系统的学校

这类学校由政府赠款资助,占教育经费的相当大的比例。任何认可的私立学校可以申请政府补助,而且一旦获得地位,它接收所有支付教师工资的整体补助金形式。教师将获得学校的收入,并对付费家长和学校管理者负责。教师的管理由学校负责。

2. 公立学校的计算机教育

NIIT是一家全球性IT公司,可与泰米尔纳德邦、卡纳塔克邦、西孟加拉邦和安得拉邦就建立基础设施、系统集成、设施管理、教育交付和教师培训服务等项目合作,从而为数千所公立学校提供高质量的计算机教育和计算机辅助教育。许多教室都成了NIIT中心,白天向学生和教师开放,晚上被专营权持有人使用。这一项目提高了学校计算机办学质量,同时提高了计算机辅助教育的运行效率。

(六)意大利"学券计划"

意大利"学券计划"的主要合作方是国家、各级政府与私立学校。学校的学券必须得到国家法律认可。意大利 20 个地区中有 9 个地区的私立小学和私立中学是政府补贴学费的。"学券"主要有两种情况:①以收入为指向的学券,对私立学校学费部分报销;②"学券计划"实行固定支付,根据学校成绩和父母收入而定。

(七)巴基斯坦

巴基斯坦政府购买教育服务案例比较典型的是俾路支省和旁遮普邦。

俾路支省的政府购买教育服务项目之一是"城区女孩奖学金",主要为增加女孩入学率。在 1995 年推出的这个试点项目,政府对私立学校 3 年内招收来自低收入家庭的女孩进行补贴,补贴直接支付给学校,仅限 100 名女孩。俾路支省的政府购买教育服务项目之二是"基础教育支持",主要由私立学校、世界银行、乡村社区学校、俾路支省政府联合实行。目的是增加低收费、高质量的私立学校。通过为私立学校执行伙伴(PIPs)提供生均经费来支持新的民办学校建立的项目,已经实行了 4 年。

旁遮普邦政府购买教育服务项目之一是"学生入学财政援助基础项目",主要参与方有合格的民办学校、旁遮普邦教育基金会。旁遮普省教育基金会基于学生数量支付补贴给参与的民办学校。参与学校必须达到合格标准(无论在招生、学生组成、物理基础设施、地理位置、提供优质教育的能力和管理等方面),并在区政府注册。旁遮普省教育基金会提供了 FAS 学校专业发展的支持。项目之二是"学券计划教育试点",主要参与方是旁遮普邦教育联盟和有资格的学校。试点教育券计划将为城市贫民窟——拉合尔的孩子提供教育券。该券是非贸易品,它的设计将包括支持学校发展战略和素质教育,目的在于提高教育质量,鼓励女童入学。

三、实践经验

(一)社会认识

虽然,政府购买教育服务成为美、英、德、日、澳等诸多国家日益通行的做法,但是国际社会各界人士对政府购买教育服务的认识不一,支持与反对的声音多有存在,主要意见分歧如下。

1. 支持者的论点

第一,政府购买教育服务有利于公立学校与私立学校之间在教育市场中形成竞争,并激励公立学校通过提高教育质量来积极应对这种竞争。

第二,政府购买教育服务有利于提高教育质量、效率,私立学校的管理可能比大多数公立学校的设置安排更加灵活。一般情况下,公立学校在聘用教师和学校组织管理等方面比私立学校缺少自主权。

第三,政府购买教育服务体现了教育市场的公平、公正、公开的原则。根据购买的具体教育服务项目,通过公开投标方式选择私立学校,采用最好或成本最低的方案,提出指定性的合同要求,如可衡量的成果、保证教育质量。

第四,政府购买教育服务通过签订合同的方式可以达到政府与社会组织风险共担。这种风险分担可能提高服务交付的效率,促使更多的资源来提供教育。

因此,增加私立学校在教育中的作用,有超过传统的公共教育的潜在优势。当一个购买合同正确实施,可以提高工作效率,选择并扩大教育服务的获得效益。

2. 反对者的论点

第一,政府购买教育服务可能会导致教育私有化,减少政府对公共服务的控制权,可能弱化政府责任和低水平控制,甚至还可能在合同授予时滋生腐败。

第二,政府购买教育服务增加了教育选择机会,但由于私立学校的学费相较于公立学校更昂贵,可能会增加学生家庭的经济负担。

第三,政府购买教育服务可能会导致就读于日益恶化的公立学校中的较差学生失去父母更多的支持。

第四,政府购买教育服务可能会面临来自某些利益相关者的阻力。例如,公立学校的教师和其他员工可能会认为对他们的工作稳定构成威胁,公立学校的相关部门可能会认为这种方式削弱他们的影响力。

第五,政府购买教育服务可能并非比公立学校提供教育服务更具成本效益。例如,关于购买的教育管理、培训服务或可用的设备维修服务成本更高,授予和管理合同的花费更高或私人借贷费用特别高,而实际效率并不高于传统方式。

(二)运行机制

国外政府购买教育服务的运行机制主要从承接主体、购买内容、购买原则、购买方式、购买流程、绩效评估等方面来阐释。

1. 承接主体

首先,从实际情况来看,西方国家政府购买教育服务的承接主体通常是非营利组织。非营利组织的基本特征主要有组织性、民间性、自治性、志愿性、公益性。其次,政府也是教育服务的提供主体,政府间也可相互购买教育服务。如美国实行联邦政府、州政府和地方政府三级政府架构。为适应城市的一体化发展,提高教育服务的规模效益,同时要兼顾各市镇公民的利益诉求,各市镇通过签订政府间教育服务协议,即地方政府之间达成协议,由一个地方政府支付费用,委托或雇用另一个地方政府提供某些教育服务。

2. 购买内容

各国非营利组织涉及的教育领域有所不同,如美国重视基础教育和公共教育的投入,代表性的有学券制与特许学校;日本重点在高等教育及社区教育,以公民馆为代表;德国和澳大利亚主要在职业教育领域购买培训服务;英国涉及社会组织的政府教育服务项目主要有儿童基金(服务于5~13岁的弱势儿童及青少年)、保护儿童和支持家庭资助(儿童的社会照顾)、好起点项目(儿童护理、健康和情感开发服务)、联系项目(为13~19岁的青少年提供信息和建议)等。

总之,国外政府购买教育服务主要涉及教育本身的产出服务、教育管理服务、教育专业服务、教育运营服务、教育设施维修服务等,具体见表2-1。

表 2-1 国外政府购买教育服务内容

政府合同	政府购买内容
管理,专业,支持服务(输入)	学校管理(财务和人力资源管理) 支持服务(用餐和交通) 专业服务(教师培训,课程设计,教材,质量保证,附加服务)
运营服务(流程)	学生教育,财力和人力资源管理,专业服务,以及建筑维修
教育服务(产出)	私立学校的学额(签订合同招收特殊学生)
设施可用性(输入)	基础设施和建筑维修
设施可用性和教育服务(输入和输出)	基础设施结合服务(运营或教育输出)

3. 购买原则

国外政府购买教育服务遵循的基本原则是公益性、经济性、公平性。

原则1:将购买教育服务的教育适用性、相对成本以及购买服务的好处纳入重点考虑范围,讲求物有所值,资金投入实现价值最大化。采用最合适的策略,促进以最佳的采购成果进行交付。

原则2:政府是采购实践中的领导者,应了解自我需求、市场、供应商。用采购推进政府的经济、环境和社会目标,政府的目标是采购决策中的应用优先级。

原则3:健全的政策和监管环境,包括高标准的公共治理和企业治理、灵活的劳动力市场、透明度和法治(财产保护和合同权利)必不可少。

原则4:教育当局可创造有利的监管环境,包括认识民办教育的作用,提供清晰和精简的注册流程,建立效率质量保证体系,私立学校收费制度,并提供私人部门参与的激励措施。

原则5:进入资本市场是提高私人机构参与教育的一个重要因素。关于国际资本流动的市场准入限制和障碍应逐步淘汰。国际组织可通过扩大进入资本市场推动私人机构参与教育。

原则6:公共部门应平等对待本地和外来供应商,提供激励措施,并确保投资者的支持和高效的环境促进教育的外来投资。可以把教育作为一个重点投资领域支持教育投入。

原则7:购买服务过程中应建立相应的问责制,而政府部门应采取有效措施确保承接主体的诚信和责任,并应制订程序以防止、发现和惩处腐败。

原则8:购买主体和承接主体应当同意将基于性能的规范纳入合同以及制裁不履行或无作为。

原则9:授予合同的过程应该是有竞争力的,应当保证程序公正,无歧视和透明度。

原则10:各政府部门应确保公共机构负责购买项目的组建和监督有足够的资源、信息和技能来设计、开发和管理复杂的合同流程。确保购买主体和提供主体的角色是分开的;如果有必要,政府可以向负责购买教育服务合同的专门机构分配责任。

原则11:教育主管部门应该有识别欺诈、跟踪付款并确保补贴和支付索赔是合法准确的能力。他们还应确保其私人合作伙伴有及时支付的能力。

原则12:公共管理当局可通过鼓励培育承接主体、咨询利益相关者关于其作用和影响以及运用购买服务的知情辩论来促进购买教育服务的普及,实施一个有效的沟通和宣传策略,并建立了严格的评估计划。

原则13:承接主体应遵循与政府达成一致的负责任、讲诚信的商业行为的原则和标准。不应该采取贿赂等不规范行为以获取合同,也不应在购买教育服务的过程中结党营私。

原则14:承接主体要注意自己的行为后果,尊重社会给予的信任,对及时交付使用的公共资源成果负责,与公共部门协同工作以避免和减轻任何社会不能接受的结果。

4. 购买方式

总体而言,国外政府购买教育服务以签署购买合同为主,直接资助、竞争性或随意性拨款、减免税的间接资助等为辅。

如智利、哥伦比亚、新西兰和英国等国家是将政府资金作为需求方资金，即直接作为教育券给予父母。另一种方式是政府资金作为供给方资金，直接给予民办学校作为财政拨款或生均经费。美国政府购买教育服务的方式主要有四种：合同外包、教育券、用者付费、特许经营。英国政府向社会组织外包社会服务主要通过赠予、采购、投资、贷款担保等形式。在加拿大，正式招投标并非最主要的方式，政府也经常采用直接向社会组织提供项目的方法。

5. 购买流程

国外政府购买教育服务的一般流程是：①政府对购买教育服务的具体项目进行必要性和可行性研究，按照一定的程序确定购买服务内容及相应预算；②向社会公布政府购买项目、规模、价格、对承接主体的资质要求和应提交的相关材料、服务质量要求及各项服务指标等；③对承接主体候选对象进行资质认定，并采取购买、委托、租赁、特许经营、战略合作等形式，采用公开招标、邀请招标、竞争性谈判、单一来源、询价等方式确定承接主体；④签订合同，合同设计应当明确购买服务的内容、期限、数量、质量、价格等要求，以及资金结算方式、双方的权利义务事项和违约责任等内容；⑤实施相应的过程管理和监督，及时了解掌握购买项目的实施进度，严格按照合同执行进度支付款项，并根据实际需求和合同规定积极帮助承接主体做好与相关政府部门、服务对象的沟通、协调；⑥承接主体完成合同约定的服务事项后，购买主体应当及时组织对履约情况进行检查验收，按照绩效考核评价结果进行结算。

6. 绩效评估

西方国家绩效评估通常以结果为导向，以问责机制为追究机制。具体表现为绩效评估价值标准多元化、绩效评估主体多元化、绩效评估的责任化。对慈善组织的监督重点是其活动宗旨的公益性、受益的分配、内部管理机制是否合法，以及是否违反其他相应的法律规定等，具体措施包括要求慈善组织提供年度报告、提供预算和经济计划，对之进行财务审计、机构评估。

(三)成效经验

国外政府购买教育服务推行至今已超过 30 年,在提升国家教育综合实力、促进教育公平、增加教育选择、提高教育质量和效率、改善公立教育系统等方面取得了突出成绩。

首先,政府购买教育服务增加了自主选择机会,促进了教育公平。教育券使自由选择教育权得到尊重,也使教育资源的分配更具效率。使得部分私立学校得到公共财政的扶持,也使得来自贫困家庭的优秀学生得以进入顶尖的私立学校,同样在教育公平方面基本达到了满足平民需求的目标。哥伦比亚从 2004 年开始,为低收入家庭的孩子提供的专项资金达 140 万美元,每年至少有 1 700 名学生获得价值 7 500 美元的学券。另外,目前全美约有 5 000 所特许学校,在校生超过 170 万人。其中纽约州 159 所特许学校在 2012—2013 学年间,共拥有超过 67 500 名学生记录的应用数量约为 14 600 个的特许学校席位,同时还有近 53 000 名学生登记在候补名单上。再如英国的公助学额计划,使得部分私立学校得到公共财政的扶持,也使得来自贫困家庭的优秀学生得以进入顶尖的私立学校,同样在教育公平方面基本达到了满足平民需求的目标。

其次,政府购买教育服务引入了市场竞争,提升了教育质量。市场竞争机制实质性地进入了政府对学校的管理之中,这种做法势必有利于改善公办学校的办学机制,提升公办学校的教育质量。反之,政府通过向私立学校提供各种形式的资助,也能有效影响私立学校。多个国家的经验共同说明了私立学校的"教育券"普遍提高了学生成绩。如哥伦比亚政府由于政府财政资金不能满足全部申请者,而利用彩票的形式发放教育券,最终发现教育券一方面增加了父母的选择,另一方面也促进学校之间为吸引教育券而竞争,对学生的教育成果在短期(3 年)和长期(7 年)都将产生一系列的有利影响。表 2-2 为不同的购买合同类型在四个主要教育目标达到的预期效果,表 2-3 为不同购买合同类型对教育结果的影响。

表 2-2 不同的购买合同类型在四个主要教育目标达到的预期效果

合同	增加入学率	提高教育质量	减少教育不平等	降低成本
教育券	强:接收教育券的学生数	强:学校选择	强:有针对性时	强:私人部门更有效
补贴	强:利用已建成的私人基础设施	中等:受限于可利用范围和服务质量交付于私营部门	强:有针对性时	中等
私人管理运作	中等:受限于私立学校操控者的供给	中等:受限于私人部门的可利用处	强:有针对性时	中等

表 2-3 不同购买合同类型对教育结果的影响

影响因素	学校由私人管理	教育券	补给	私人融资行为
灵活性	有意义	中等	中等	低下
私人融资行为	中等:受限于资金约束	低下	强:有针对性时	强
质量标准	在合同条件下有意义	在家长和学生有针对性的条件下有意义	中等但在合同条件下有意义	低下
风险共担	低下	低下	中等	有意义
竞争	低下	有意义	低下	低下

20世纪80年代以来,英、美、澳、日等国家由于政府提供服务的低效率和垄断性,承受了巨大的社会舆论压力,政府购买服务作为重要环节被逐步纳入到了政府改革的实践框架之中。国外政府购买教育服务的特征主要表现在目的明确、针对性强、效果明显,关键在于提高了教育质量。其经验主要有以下四点。

1. 立法先行,健全法律制度保障

诸多国家出台了关于政府购买公共服务的法律法规政策。通过立法程序,规定了非营利组织的法律形式、登记程序及有关法规等,如非营利组织税收优惠的税法规定、有关非营利组织个人经济受益限制的法律规定等。各国具体相关法律依据是:美国的《联邦政府采办法案》和《联邦政府采购条例》是政府采购法规体系的核心,其统一规范了政府各机构的采购政策、标准、程序和方法。日本政府购买公共服务始于2004年内阁通过的《推进规制改革、民间开放三年计划》,并始终坚持以立法为先导的原则;《关于通过竞争改革公共服务的法律》明确了政府购买公共服务的基本原则,《会计法》及相关法律规定了中央政府有关的购买公共服务的程序,《地方自治法》及相关法规规定了与地方政府有关的购买服务的程序。英国自20世纪80年代将政府购买公共服务作为社会福利改革的一部分,大范围地推广以来,无论是1997年上台的托尼·布莱尔将其常态化、制度化,还是卡梅伦提出的"大社会"计划,均在立法和政策上对政府购买公共服务改革提供了有力保障,先后于1998年和2011年分别发布了《政府和志愿及社会部门关系的协议》和《开放的公共服务白皮书》,通过选择性放权,改善公共服务,引领公共服务改革创新。韩国政府于2000年颁布了《非营利性私人组织支持法》,以及在教育领域内的《私立学校法》,为本国政府购买教育服务提供了良好的制度保障。

2. 措施激励,支持社会组织发展

国外政府为培育社会组织发展,鼓励多元主体参与提供教育服务,采取了多种激励机制和措施。主要措施有:对有的慈善机构采取免税或享受捐款抵押税款,如美国、澳大利亚;通过免费提供办公场所支持社会公共服务提供者,如德国、法国;以资助、签约、第三方支付等财政优惠鼓励社会组织提供社会公共服务,如法国。再如英国为社会组织能力建设采取三种项目:"能力构建者"以增强第三部门实力而改进支持、管理资金,以及寻求影响决策制订者和其他资助者的政策制订和实践;"未来构建者"用政府提供的资金为公共机构提供贷款,以与公共机构的合同进行偿还;"基层资助"项目由内阁办公室提供资助,由社区发展基金会进行管理。

3. 有效监督,严格质量评估体系

英国是具备严格规范的政府购买公共服务质量评估体系的典型国家。英国政府对教育服务的监督评价主要通过绩效合同管理来进行。英国各级

政府通过确立服务的标准、目标,与外部执行机构订立绩效合同,并通过绩效指标对服务质量进行监控。在1997年,英国政府还为全体公共服务部门订下了服务基准,制定了统一的全国服务水平指标。对于非营利组织的监督,英国政府专门在内阁中设置了一个第三部门部长,作为指导服务和协调政府与非营利组织合作关系的保证,并为了政府对提供服务的非营利组织进行有效监督和评估,制定了一份有关会计规范的《推荐实务公告》。

四、主要问题

国外政府购买教育服务也存在一些问题,是我国在推行政府购买教育服务时需注意和尽可能避免之处。

(一)政府对私立学校的观念难以转变

有些国家政府抵抗接受向私立学校购买教育服务,这在发展中国家尤为突出。政府抵抗行为主要表现在对私立学校的诸多限制:不鼓励私人投资教育领域,限制学校数量,设定不清晰的、主观的、复杂的注册条件和标准,限制学校设置学费和其他费用,限制以营利为目的的私立学校运营,限制其提供替代课程,限制其招生,严格教师注册要求,限制土地使用等。最严重的是法律禁止私立学校或不承认其存在。

支持私立学校和保证教育质量的政策框架是确保私立教育机构在发展中国家可持续发展的关键。公众对私立教育质量的看法至关重要,而私立学校抗舆论风险能力较弱,容易受到公众对私立学校负面宣传的影响。若是政府屈从于舆论,限制对私人提供者有利的政策,这也将对所有私立学校产生不利影响。

(二)政府对购买服务的功效缺乏研究

目前,政府购买教育服务已经成为国外发达国家和地区政府提供教育服务的主要形式,但是社会上对这种形式的质疑和批评从未停止。如有学者认为"政府对购买的真正功效很缺乏研究,而各国在政府购买公共服务的过程中并没有减少政府膨胀和财政赤字的上涨"。对于英国"公助学额计划",批评者认为该计划所扶持的私立学校抢走了公立学校的经费,甚至该计划真正的受益对象多是来自中产阶级,而不是贫困家庭的学生,没有起到实际效果,以至于1997年后,该计划逐渐终止。

(三)政府购买服务目录合同存在缺陷

在购买服务目录的制定过程中,德国政府制定的购买服务目录过于详细且不够灵活,缺乏绩效目标以及以相关资源/成本(投入)的阐述为基础的关键性指标,但是绩效目标和关键性指标恰恰是成本绩效核算体系的前提。

再如购买服务合同,俄罗斯各州政府上报的合同存在缺陷:一是未明确说明服务的类型;二是缺少对服务接受者的详细说明;三是监督有问题,太在意费用的使用情况,不允许社会组织在预算范围内灵活使用资源,且没有规定其他监督途径;四是合同制裁条款不明确,未对政府延迟支付的制裁方法进行规定。

(四)政府购买教育服务方式存在局限

政府购买教育服务的诸多购买方式都有其相应的局限性。如整笔资助相对限制了消费者对服务提供方的选择,如印度的基础教育采取整笔资助方式,但被认为对于贫困生的学习成绩并没有刺激性的、建设性的作用。又如教育券可能促使富裕家庭把孩子送到更好的私立学校,贫困家庭子女选择继续留在公立学校,甚至有些公立学校留下的是最贫困的、成绩最差的学生,对处于劣势地位的学生更加不利;另一方面是教育券在低收入国家的农村地区,受地理、交通、经济、人口、师资、家长文化水平等多方面的条件限制,学生择校的可能性太小,确保学校达标的调节系统力量太弱,甚至由于监管不力以及监管代价太高,而导致贪污情况频发,且范围较大。再如凭单制、税收优惠等补助方式,需政府首先对服务提供方的资格进行确认,但如果具有相应资格的服务提供方有限,就会造成所补助的产品或服务成本上涨,政府不得不提高补助标准,增加福利支出。

(五)政府资金供给不力导致转移风险

由于政府在合同授予前未能提供正常稳定的资金或者确定合适的受益

人,就会发生风险转移。一是转移给承接主体。如英国和美国政府在购买公共服务过程中,由于资金供给不力,最后不能为社会组织提供完全的成本回收。除了提供教育服务所发放的工资以外,承接主体不得不把本应提供服务的资金用在场地费用、设施和技术服务等间接成本上,最后由于资金不足导致承接主体萎缩或倒闭。二是转移给购买主体。如德国在购买公共服务的过程中,由于财政压力、预算紧张,而使新的预算程序限制了分配给各部门的资源,在购买服务的过程中,没能提高服务效率和效益,反而将责任和重担转移给购买主体下的各级执行部门。

五、具体建议

据对国外诸多文献的研究发现,政府购买私立学校教育服务时建议考虑如下几个方面。

(一)健全完善政策制度

为吸引社会各方组织参与,健全、高效的政策和监管环境是前提。政府购买私立学校教育服务需建立在灵活的劳动力市场,形成高标准的公共治理和企业治理体系,购买程序的透明度和法治(财产保护和合同权利)必不可少。同时,还需整合公立学校和私立学校,形成公正、有效反应、有针对性的学校财政系统。

(二)精心设计购买合同

政府购买私立学校教育服务应依据对教育适用性、相对成本以及私立学校参与带来的好处等设计购买合同。提高政府购买服务效率和社会效益,良好的设计是前提,同时也必须被有效地执行。

为了保证这一点,各国政府通常在订立购买合同时通过一个透明的、竞争性的、多层级选择过程的方式。首先,各政府部门应确保公共机构负责购买服务的组建和监督有足够的资源、信息和技能来设计、开发和管理复杂的合同流程。其次,授予合同的过程应该是有竞争力的,应当保证程序公正、透明、无歧视,并建立了严格的评估计划,制裁不履行或无作为。最后,私立学校应遵循与政府达成一致的负责任、讲诚信的商业行为的原则和标准,不应该采取贿赂等不规范行为以获取合同,也不应同意在设施运营过程中"结党营私"。

(三)公平选择承接主体

首先,为设立和注册私立学校建立清晰明确、精简客观的标准和程序。其次,允许私立学校设置自己的学费和其他费用,同时允许不以营利为目的和以营利为目的的学校进行运作。第三,使用一个透明的、竞争性的、多阶段程序选择承接主体。第四,公共部门可以通过平等对待本地和外来供应商,制订一个有效的沟通策略,告知家长关于学校特征以及公众对购买教育服务的利益和目标。最后,关于国际资本流动的市场准入限制和障碍应逐步被淘汰。

(四)明确双方责任和能力

首先,对购买主体和承接主体进行角色定位,特别要确定国家教育战略中私立学校的作用和地位。其次,确保承接主体有足够能力承担教育服务项目。第三,承接主体应及时与政府沟通以及公众咨询。第四,承接主体对自己的行为和能力负责,避免和减轻任何社会不能接受的结果。第五,政府机构必须发展自己的能力,制订培育合适承担主体的措施。第六,教育主管部门应该有识别欺诈、跟踪付款并确保补贴和支付索赔合法准确的能力。最后,确保承担主体有风险控制能力。

(五)有效激励和监管

首先,政府应提供投资激励措施,促进和推动教育的外来直接投资。其次,给予补助以促进私立学校的发展,并确保合同给私立学校足够的灵活度。第三,为家庭用户提供信息以帮助他们为其孩子选择学校。第四,建立一个有效的质量保障体系,包括绩效奖励目标实现和制裁不履行行为。第五,引进一个可评估成果的合同框架。最后,建立相应的问责制度,政府部门应采取有效措施确保私立学校的诚信和责任,并应制订程序以防止、发现和惩处腐败。

第三章 我国政府购买教育服务的实践案例

一、我国政府购买教育服务的背景及概况

政府购买教育服务的政策思想来源于西方国家20世纪70年代末开始的教育市场化改革,其主要特色是构建"小政府—大社会"的教育职能模式。在教育服务产品的提供中,政府仍然负有不可推卸的责任,但可以不再是教育服务产品的直接生产者。通过将公民社会、市场领域力量引入教育治理之中,构建公私部门的合作伙伴关系,提高政府教育服务供给的质量和效率。

改革开放40多年来,我国教育改革与发展取得了令人瞩目的成就,中国的教育面貌发生了翻天覆地的变化,但随之也带来了一些新的问题和新的挑战。政府如何通过有效的教育管理制度创新,向社会公众提供让人满意的公共教育服务,成为困扰政府的众多教育难题之一。正是在此背景下,国内一些地区开始借鉴国外的经验,试行以政府购买教育服务的方式来满足社会公众的教育需求。

在2013年前,我国政府购买教育服务还处在地方性的实践与实行阶段,没有出台中央、省市级层面的相关专门政策来规范实践。2013年后,在党中央、国务院以及有关部委提出政府购买公共服务的文件后,各省市积极响应,陆续出台了政府向社会力量购买服务的办法、实施意见及指导目录。至此,可以说,政府购买服务的制度框架已基本成形。这些要求和规定不仅从整体上完善了各级政府购买服务的体系和制度框架,也确保了政府购买教育服务从"纸面"到"地面"的顺利落地,标志着政府购买服务包括购买教育服务在全国范围正式全面展开。

(一)2013年前的试点背景及试点情况

20世纪90年代开始,上海、深圳、北京、广州、浙江等地方政府尝试借鉴国外的做法,在养老、扶贫、残疾人服务等领域向社会组织购买服务。此后,全国一些城市陆陆续续进行了这方面的探索实践,政府购买公共服务的内容和范围逐渐扩大到教育、卫生、文化等诸多公共服务领域。

1. 背景

(1)政府购买教育服务是进一步理顺政府、市场与社会之间的关系,推动政府职能转变的需要。

党的十四大确立了建立社会主义市场经济体制的改革的目标,1993年颁布的《中国教育改革和发展纲要》明确提出要建立起与社会主义市场经济体制、政治体制和科技体制相适应的教育体制。正确处理好政府与市场、社会之间的关系,在很大程度上决定着改革的成效。与经济体制改革相适应,政府对教育的定位、政府承担教育职能的理念与方式也应发生转变。在传统的计划经济体制下,政府强调一元管理,即由政府单一主体承担全部政治经济社会职能。于是,政府既是公共教育服务的唯一提供者,也是公共教育服务的生产者,统揽了所有的教育事务,集举办者、办学者与管理者于一身,造成了政府教育职能的错位、越位和缺位现象。而政府购买教育服务有助于发挥市场配置资源的决定性作用,是促进政府从"管治政府"向"服务政府"转变,促进责任政府和效能政府形成,即加速政府职能转变的一种现实需要。

(2)政府购买教育服务是提升教育质量,促进教育均衡发展的需要。

提高教育质量,促进教育均衡发展是政府的职责所在。对于我国来说,教育的一个突出问题就是区域间、学校间和不同群体之间教育的不均衡发展,这已成为制约我国教育发展的突出问题。这种不均衡发展不仅体现在硬件上,更体现在内涵的发展上,如师资队伍水平的不均衡、办学理论的差异、学校管理水平的高低等,严重制约学校教育质量的提升。面对教育体系所出现的问题,寻求以制度创新的方式来提升教育质量,促进教育均衡发展,迫在眉睫。

(3)政府购买教育服务是满足社会公众对不同层次教育需求的需要。

随着我国经济社会建设的不断发展,教育发展机制由供给约束型教育转向需求导向型教育,社会公众对教育的需求已经从"有学上"变为"上好学",人们在教育方面的"额外需求"和"差异需求"日益增长。显然,政府的有限教育资源是无法满足社会公众不同层次对多样化、个性化教育的需求,在此压力之下,政府开始探索向公民社会、市场领域购买教育服务,以解决客观的供需矛盾。

2. 试点情况

作为一种政府提供公共服务的新理念和新方式,政府购买教育服务在我国还是新事物,在2013年之前只有少数地区进行了一些试点。例如,上海、广州等地区,在学前教育、职业教育、就业培训、教师继续教育、农民工技能培训、农民工子女入学等教育服务领域,政府通过与各类社会组织签订契约,以公共财政向签约组织全部或部分支付相关费用的方式,为社会公众提供优质、高效、可选择的教育服务,取得了有益的经验。

(1)上海。

2005年浦东新区社会发展局委托成功教育管理咨询中心管理东沟中学,这是国内政府向社会组织购买教育服务的较早尝试。上海市政府购买教育服务的范围较广,类型与内容较丰富,购买方式较多样。从学段和教育领域来说,包括了学前教育、基础教育、职业教育、高等教育、社区教育、老年教育等领域。从类型与内容上来说,涵盖了购买学校管理服务、购买学位、购买评估服务、购买培训服务等。

上海从2007年起,启动了两年一轮的郊区农村义务教育阶段学校的委托管理工作,截至2016年已实施五轮。市级财政每年为每一所托管学校安排50万元托管经费,不足部分由受援区县补足,大大提升了薄弱学校的发展水平。

政府还通过购买民办幼儿园或民办学校的学位,为上海市的随迁子女提供普惠、公平的学前教育服务与义务教育学位。

上海市于2004年在全国率先成立了上海市教育评估协会,通过政府采购或多种方式的购买服务,全面参与了上海各级各类教育的评估检查等。

此外,上海市各级政府还通过多种方式向社会组织购买针对特殊群体的服务、教师培训服务、项目研究服务、提供设施服务等。

(2)广州。

广州地区的政府购买教育服务起步于2007年,最初的试点是海珠区政府出资200万元向启创社会工作发展协会购买了三条街道和两所中学有关青少年事务的服务项目。接着又开展了购买外来务工人员子女学位,农民工就业培训,中小学教师远程继续教育,社区教育,企业职工培训等教育服务。尤其是2011年承担"推进广州学习型社会建设"国家教育体制改革试点项目以来,购买教育服务的范围和数量快速增长,管理也日益规范化。(王洪兵,2013a)项目实施的具体分工是由广州市广播电视大学系统负责推进终身学习数字化公共服务平台及多种媒体教学资源的建设和应用;由广州社区学院系统负责构建社区教育的实体网络,承担社区教育的资源开发、服务标准和评估体系制订以及社区教育活动的指导。(陈木朝 等,2013)

(3)浙江。

浙江省于1997年开始试点购买公共服务,经历了起步探索阶段(1997年至2000年)、拓宽公共服务领域阶段(2001年至2007年)、全面拓展阶段(2008年至今)。2001年省政府明确提出,要积极鼓励社会力量参与举办民办教育,当地政府给予一定的经费补助。宁波市对实施义务教育和中等职业教育的民办学校,按照同类公办学校生均教育经费的1/4标准给予补助;对缴纳社会保险费用的,另按缴纳部分的1/2标准再给予补助。温州市对民办学校吸收大专及以上毕业生就业,可以参照执行与事业单位相一致的社会保险政策。嘉兴市按照"相对稳定、合理流动、资源共享"的原则,运用市场调节机制,打破教师单位的壁垒,进行无障碍流动。诸暨市从2004年开始安排3所民办学校各招收6个公办班,每年从地方财政中划拨3所学校人头经费200余万元。台州市路桥区对民办普通高中每招收一名当地学生,政府财政补助800元。

值得一提的是,在国家出台相关政策文件之前,浙江省就积极探索推进政府购买服务的政策举措。2011年,浙江省温州市出台了《关于实施国家民办教育综合改革试点加快教育改革与发展的若干意见》(温委〔2011〕8号),其中第七条专门明确提出建立政府购买教育服务机制,包括购买服务范围、标准等。2012年温州市出台了《关于加快推进社会组织培育发展的意见》的子文件《关于政府购买社会组织服务工作的实施细则》。其中涉及政府购买服务中竞标、监管、财务成本、公众参与等问题。

(4)重庆。

重庆市政府非常重视政府购买服务,在出台相关政策文件之前已有实践,市级层面先后在市政管护、服务三农、教育培训、环境保护等方面进行了探索,区县也在普法、中小企业服务等方面进行了尝试。

重庆市在教育领域推进政府购买服务方面主要采取了以下做法:①建立民办高校公用经费补助机制,增强其办学实力。例如,2012年,重庆市实施民办高职学校公用经费补助制度,根据办学层次和类型每年生均补助1 400元~2 000元。②整合教育信息化资源,提高其水平。③面向社会建立教师培训机构数据库,提升培训质量。④借力引智开展政策研究,提升教育决策管理水平。⑤发挥第三方社会组织的作用,提高教育服务水平。例如,2012年成功引入重庆菲斯克企业管理咨询有限公司作为"送岗位进高校""就业帮扶"双选活动的企业组织及提供合作方,并实行协议每年一签和分阶段据实结算服务费用。从2012年起委托重庆市教育评估院作为第三方机构对全市毕业生就业状况和质量开展调查分析和评价,编写发布年度就业状况报告,为促进高等教育深化改革和发展提供有效依据。

(5)陕西。

"十二五"期间,陕西省政府实施了学前教育三年行动计划,在全国率先实现了学前一年免费教育。当时,针对公办幼儿园资源不足的现状,公办、民办并举,在学前教育领域首先实施了政府购买民办幼儿园的服务,提前一年完成了目标任务;同时,结合义务教育公共服务体系和经费保障新机制建设,对一些义务教育阶段的民办学校采用政府委托办学、购买服务的方式,将其纳入了财政经费保障范围。

从2012年开始,陕西省政府启动实施了政府支持民办高等教育发展项目,每年投入财政资金3亿元,重点提升民办高校重点学科和专业办学质量和水平,对政府购买民办高等教育服务进行了探索研究。

(二)2013年后的实践背景及全面部署

1. 实践背景

(1)政府购买教育服务是国家"建设统一开放、竞争有序的市场体系"战略向教育领域的尝试和延伸。

党的十八届三中全会通过的《中共中央关于全面深化改革若干重大问题的决定》指出:"建设统一开放、竞争有序的市场体系,是使市场在资源配置中起决定性作用的基础。"我国改革开放已走过43年波澜壮阔的历程,取得了举世瞩目的成就,社会主义市场经济体制不断完善。但也应看到,我国市场改革仍需深入推进,市场秩序有待规范,生产要素市场发展滞后,市场规则不统一,市场竞争不充分。要使市场在资源配置中起决定性作用,必须加快建设统一开放、竞争有序的市场体系。(韩俊 等,2013)

随着我国加入WTO承诺的过渡期已经到期,意味着外国教育服务资本相对限制条款随之消失,教育市场竞争将会更加激烈。政府购买教育服务是中央统筹开放型经济过程中有关教育改革深化的顶层设计考虑,旨在赢得教育服务产业对外开放的主动和教育国际竞争的主动,或可成为推进教育深水区改革的"牛鼻子"。

(2)政府购买教育服务是国家应对经济下行压力,保持经济中高速增长的战略选择。

当前我国经济发展正从过去30多年的高速增长转向中高速增长,既不同以往又将呈现一种相对稳定的过渡时期,如果不能稳定过渡,经济增速就会不断下降,陷入"中等收入陷阱"。要在未来相当一段时间内保持中高速增长的"法宝",就是国民经济发展方式的转型升级,从传统的要素驱动、投资驱动,逐步转换到创新驱动,这种创新驱动不单指科技创新,还包括体制机制创新。

政府购买教育服务实际上体现的是一种政府消费行为。消费拉动是政府拉动经济发展的一个重要手段,消费拉动包括百姓消费和政府消费,老百姓的消费拉动是长周期的、基本面的,而政府消费拉动是"短平快"的、立竿见影的。

(3)政府购买教育服务是国家深化行政管理体制改革,持续推进简政放权的重要举措。

如果说,简政放权是国家行政改革的"先手棋",那么,政府购买服务则是国家推进简政放权的一着"先手棋"。过去国家行政管理体制改革,更多的是只简政,不放权,致使改革不尽如人意。所谓政府行政体制机制的改革,归根到底是人权、事权、财权、监督权的改革。政府购买服务就涉及政府人权、事权、财权、监督权等方方面面的改革,因此,这种创新的购买方式一旦普遍实施并完善,必将真正推动政府职能转变,简政放权才能落到实处。

(4)政府购买教育是降低教育成本,提高教育服务供给效益的需要。

政府购买教育服务改变了传统教育服务单一的供给模式。通过政府购买教育服务,政府将部分市场特征比较明显,适合市场运作的教育服务项目,交由市场来完成,政府与社会组织之间,构成了一种以"契约"为基础的商品交换关系。这种关系的建立,必然吸引越来越多的社会组织参与竞争,伴随竞争而来的是专业化的运作、创新力的提高和管理潜能的发挥,其结果是服务成本的降低,服务效率的提高,最终使得政府以最低成本获取最优化的教育服务,让社会公众受益。(王鹏,2011)

2. 全面部署

(1)中央层面。

2013年,党的十八届三中全会明确而具体地提出:"推广政府购买服务,凡属事务性管理服务,原则上都要引入竞争机制,通过合同、委托等方式向社会购买。加快事业单位分类改革,加大政府购买公共服务力度。健全政府补贴、政府购买服务、助学贷款、基金奖励、捐资激励等制度,鼓励社会力量兴办教育。"同年,国务院办公厅发布了《关于政府向社会力量购买服务的指导意见》(国办发〔2013〕96号),系统地对政府购买服务提出了要求,明确了一系列原则。随后,财政部下发了《关于做好政府购买服务工作有关问题的通知》(财综〔2013〕111号),强调要"充分认识推进政府购买服务工作的重要性和紧迫性、积极有序推进政府购买服务工作、切实加强对政府购买服务工作的组织实施"。

2014年,财政部、民政部、工商总局联合发布了《政府购买服务管理办法(暂行)》(财综〔2014〕96号),文件主要从"购买主体和承接主体、购买内容及指导目录、购买方式及程序、预算及财务管理、绩效和监督管理"等方面作了规定。同年,财政部、民政部下发了《关于支持和规范社会组织承接政府购买服务的通知》(财综〔2014〕87号),文件指出:"加大对社会组织承接政府购买服务的支持力度:加强社会组织培育发展。按照突出公共性和公益性原则,逐步扩大承接政府购买服务的范围和规模。探索多种有效方式,加大社会组织承接政府购买服务支持力度。"并从"社会组织承接政府购买服务应当具备条件、证明材料、绩效监管和绩效评价等方面"指出:"进一步建立健全社会组织承接政府购买服务信用记录管理机制、切实做好社会组织承接政府购买服务的组织实施。"随后,财政部又下发了《关于政府购买服务有关预算管理问题的通知》(财预〔2014〕13号),从"妥善安排购买服务所需资金;健全购买服务预算管理体系;强化购买服务预算执行监控;推进购买服务预算信息公开;实施购买服务预算绩效评价;严格购买服务资金监督检查"六个方面对政府购买服务的预算管理提出了要求。2014年2月,民政部率先发布了《民政部购买社会服务指导目录》,指导目录主要从服务性质、服务类型、服务项目、服务内容、承接主体要求、服务评价标准等方面列出了具体服务及要求。

2015年,党的十八届五中全会进一步指出:"创新公共服务提供方式,能由政府购买服务提供的,政府不再直接承办;能由政府和社会资本合作提供的,广泛吸引社会资本参与。加快社会事业改革。"2015年5月5日,国务院办公厅转发文化部、财政部、新闻出版广电总局、体育总局《关于做好政府向社会力量购买公共文化服务工作的意见》(国办发〔2015〕37号),文中从"指导思想、基本原则和目标任务;积极有序推进政府向社会力量购买公共文化服务工作;营造政府向社会力量购买公共文化服务的良好环境"三方面提出了指导意见,并制定了政府向社会力量购买公共文化服务指导性目录。2015年7月1日,财政部、教育部印发《关于印发〈中央财政支持学前教育发展资金管理办法〉的通知》(财教〔2015〕222号),文件第七条提出,"扩大资源"类项目资金由地方财政和教育部门统筹用于的支出包括"通过政府购买服务、奖励等方式支持普惠性民办幼儿园发展"。第二十一条指出:"财政部和教育部对学前教育发展资金分类实施目标管理,根据各省工作进展情况,适时组织开展绩效评价。属于政府采购范围的项目,应该严格执行政府采购法律制度规定。"2016年6月,国务院决定成立政府购买服务改革工作领导小组,职责是"统筹协调政府购买服务改革,组织拟订政府购买服务改革重要政策措施"等。2018年7月30日,财政部下发《关于推进政府购买服务第三方绩效评价工作的指导意见》(财综〔2018〕42号),将第三方绩效评价作为推动政府购买服务改革的重要措施,规范政府购买服务行为,提高政府购买服务质量。2020年1月3日财政部颁布《政府购买服务管理办法》(财政部令第102号),针对政府购买服务工作中出现的一些新情况新问题,对2014年颁布的《政府购买服务管理办法(暂行)》进行完善,以部门规章的形式硬化制度约束,进一步规范和加强政府购买服务管理。2020年12月22日财政部下发《关于印发中央本级政府购买服务指导性目录的通知》(财综〔2020〕57号),将课程研究与开发服务、学生体育活动组织实施服务、校园艺术活动组织实施服务、教学成果推广应用服务、国防教育服务纳入政府购买服务事项范围。

(2)地方层面。

在国家出台了政府购买服务的相关文件之后,各地积极响应,为进一步统一思想,稳步推广,纷纷制订并出台了相关指导性文件。

例如,上海市政府出台了《上海市人民政府关于进一步建立健全本市政府购买服务制度的实施意见》《上海市政府购买服务管理办法》。上海市各区县也分别出台了购买服务的实施意见,比如浦东新区出台了《关于政府购买公共服务的实施意见(试行)》,闵行区出台了《关于规范政府购买社会组织公共服务的实施意见(试行)》等政策,从市级、区县层面来规范和管理政府购买公共服务的主体、内容及程序等。这些政策为政府购买教育服务提供了政策对照。

2013年,温州市出台了《温州市政府职能向社会组织转移暂行办法》《温州市政府职能向社会组织转移目录(第一批)》《温州市市本级具备承接政府职能转移条件的社会组织目录(第一批)》。2014年,浙江省人民政府办公厅为积极推进政府购买服务的政策举措,公开发布了《浙江省人民政府办公厅关于政府向社会力量购买服务的实施意见》(浙政办发〔2014〕72号)、《浙江省政府购买服务工作联席会议办公室关于推进政府购买服务扩面试点工作的通知》(联席会议〔2015〕1号),并建立了浙江省政府购买服务工作联席会议制度。浙江省财政厅印发了《浙江省政府购买服务预算管理办法》(浙财预〔2014〕25号)和《浙江省政府向社会购买服务的指导目录(2015年度)》。

重庆市也陆续发布了《重庆市政府购买服务暂行办法》(渝府办发〔2014〕159号)、《重庆市市级政府购买服务指导性目录》(渝财综〔2014〕144号)、《政府向社会力量购买服务项目政府采购工作流程》(渝财采购〔2014〕35号)、《重庆市市级2015—2016年政府采购目录及标准》(渝财采购〔2015〕16号)、《渝北区政府购买信息服务实施办法(试行)》(渝北府办发〔2015〕9号)等文件。这些政策文件对购买主体、承接主体、购买内容、购买资金、购买程序及绩效评估等内容进行了较为详细的规定。

陕西省也于2014年10月15日印发了《陕西省政府向社会力量购买服务暂行办法》和《陕西省政府向社会力量购买服务指导目录》,为做好政府购买服务工作提供了政策指导和实施指南。

各地政府在购买教育服务的实践过程中,不断完善相关制度,已经逐步建立和健全了政府购买公共教育服务的预算与财务制度、项目制度、招投标制度、评估与监管制度、价格估算制度等制度形成的制度体系,使购买公共教育服务有"法"可依,有序、规范、科学地购买公共教育服务,提高政府购买公共教育服务的效率与效益。总体上看,目前已基本形成中央和地方共同推进政府购买服务改革的氛围和机制,相关工作在不断开展。

二、我国政府购买教育服务的一般做法与经验

目前,我国政府购买教育服务刚刚起步,处在政策宣传推广落实阶段,还是一个新生事物。但随着上海、广州、重庆、浙江、陕西等地政府购买教育服务实践的相继出现,说明我国已经出现了适应购买教育服务成长的土壤和催

生其出现的需求。近年来,在中央的安排部署和指导下,全国各地在推进政府购买教育服务方面进行了探索和实践,为下一步更好地推进政府购买教育服务工作的开展积累了一定的经验。

(一)国内政府购买教育服务的具体运作

1. 购买主体

目前,各地政府购买教育服务的主体主要有:各级国家机关、党的机关、政协机关、民主党派机关、承担行政职能的事业单位和使用行政编制的群团组织机关。

例如,《政府购买服务管理办法》规定"公益一类事业单位、使用事业编制且由财政拨款保障的群团组织,不作为政府购买服务的购买主体和承接主体",要求政府购买服务的购买主体强调其国家机关属性。本市各级行政机关,同时规定:党政机关、人大机关、政协机关、监察机关、检查机关、审判机关、民主党派机关、行政执法机构和使用行政编制的群团组织机关使用财政性资金购买服务的,参照本办法执行。

重庆市规定政府购买服务的主体是各级行政机关和参照公务员法管理、具有行政管理职能的事业单位。纳入行政编制管理且经费由财政负担的党的机关、人大机关、政协机关、审判机关、检察机关、民主党派,工青妇等人民团体也可根据其公共服务职能职责的实际向社会购买服务。

浙江省规定政府购买服务的主体是经费由财政承担的各级行政机关和参照公务员法管理、具有行政管理职能的事业单位。纳入行政编制管理且经费由财政负担的群团组织,也可以根据实际需要,通过购买服务方式提供公共服务。

2. 承接主体

在我国,政府购买教育服务的承接主体大致可以分为两类,一类是经济组织,一类是社会组织。经济组织包括依法在工商管理或行业主管部门登记成立的企业、机构等社会力量。提供教育服务的社会组织按照性质来划分,有以下几类:第一类是民办非企业教育中介组织,比如民办学校;第二类是教育社团组织,比如浦东新区学前教育协会;第三类是公办教育事业单位,比如上海外国语大学教育集团等。原则上,适合承担公共服务事项的社会组织及其他社会力量,应符合"条件具备、信誉良好"的基本要求,这样才能确保"职能转得出,社会接得了,服务买得好"。

例如,《上海市政府购买服务管理办法》(沪财发〔2021〕3号)中规定,承接主体包括依法成立的企业、社会组织(不含由财政拨款保障的群团组织),"公益二类和从事生产经营活动的事业单位,农村集体经济组织,基层群众性自治组织,以及具备条件的个人可以作为政府购买服务的承接主体"。

浙江省规定承接主体应具有独立承担民事责任的能力,具备提供服务所必需的设施、人员和专业技术的能力,具有健全的内部治理结构、财务会计和资产管理制度,具有良好的社会和商业信誉,具有依法缴纳税收和社会保险的良好记录,并符合登记管理部门依法认定的其他条件。2013年,温州市出台了《温州市市本级具备承接政府职能转移条件的社会组织目录(第一批)》,市民政局根据社会组织的市场化运作程度、行业代表性、组织结构等条件,筛选出110家社会组织(其中社会团体91家、民办非企业19家),并将资质条件划分为必要条件、优先条件两个档次。2014年10月,浙江省开展了"政府购买公共服务首选社会组织"推选活动。如教师教育培训服务的承接主体,全省目前162家中,80余家为高校,10余家包括中国教育学会、中国教师研修网、中国教育电视台、中国中小学教师继续教育网等在内的机构。初步统计,民营培训机构承担了约20%的浙江省中小学教师培训任务。

3. 购买范围和内容

从购买教育服务的范围来说,国内目前已经覆盖了幼儿园、小学、初中、高中、大学各个学段,涵盖了学前教育、基础教育、职业教育、高等教育、社区教育、老年教育等领域。

从购买的内容来说,可具体分为购买学校管理服务、教育评估服务、学生学位、特殊人群教育服务、师资培训服务、教育设施服务、教育信息服务、教育审计服务、项目研究服务、校园安全保障服务等,如表4-1所示。

表 4-1　政府购买教育服务汇总目录

种类	性质	内容
学前教育服务	基本教育服务	学额学位
	教育管理性服务	校园安保
		校车接送等
	教学辅助性服务	幼儿活动站
		游戏小组
		巡回辅导站等
基础教育服务	基本教育服务	学额学位
	教育管理性服务	公共教育基础设施管理与维护
		委托管理
		校园安保
		校车接送
		后勤管理服务
		青少年校外活动场所运行维护；校外实验、实习、实训场地的租赁、建设与使用维护等
	教育评估性服务	教育评估
		监督检查
		项目评审等
	教学辅助性服务	优质在线课程
		优质教材
		放学后教育
		课外体育、艺术类课程及活动
		校外活动课程等
	教育技术性服务	公共教育成果交流推广（教学成果与教育科研成果的推广与应用）等
高中教育服务	教育技术性服务	教育教学改革研究
	教育评估性服务	教学督导与评估等
职业教育服务	教育技术性服务	产教融合项目等
高等教育服务	教育管理性服务	校园安保
		后勤管理
	教育评估性服务	高校教育质量评估
	教学辅助性服务	高校教材等

续表

种类	性质	内容
高等教育服务	教育技术性服务	科研和技术推广
		教育调查
		统计分析
		技术检测监测服务
		会计审计服务等
成人教育服务	基本教育服务	职工、农民工教育服务、扫盲班等
		广播电视大学、职工高等学校、农民高等学校、函授学院
	教育培训服务	夜大、成人脱产班、进修班
	教学辅助性服务	老年人教育课程、教材等
特殊教育服务	基本公共服务	残疾人教育项目
		智力障碍儿童、少年教育项目
其他教育服务	教育研究服务	公共教育规划研究与咨询、政策研究服务（含公共教育信息收集、整理与统计分析）
		高校党建咨政研究中心等
	人员培训辅导服务	党校、行政学院教育培训服务
		企业职工培训服务
		中小学课外辅导培训服务（奥林匹克辅导班、语文班、数学班、物理班、化学班、外语班、美术班、舞蹈班、书法班、音乐班等）
	师资培训服务	中小学教师培训与进修
		高校教师进修
		名师名校长培训
		职教师资培训
		就业指导教师培训等
	教育信息化服务	信息化平台运行与管理
		云计算信息服务
		就业市场信息服务等
	专业技能培训服务	外语、计算机及网络、汽车驾驶、飞行驾驶、农业使用技术、武术、缝纫、烹调、美容美发、艺术和其他培训服务

注：根据中国政府采购网——"服务采购之教育服务"，财政部、民政部、国家工商总局《政府购买服务管理办法（暂行）》以及各省市政府购买教育服务指导目录、试点项目汇总整理而成。

4. 购买方式

目前,我国政府购买教育服务的基本购买方式主要有合同制购买和直接补助。地方政府的委托管理项目、购买教育评估机构的评估服务、培训服务、项目研究服务等,大都采取了合同形式。但不同的是,有的项目采取了招投标的方式,先公开招投标,后与中标单位签订合同,比如,浦东新区教育内涵发展项目的购买教育服务。而有的项目采取的是定向招标或没有进行招投标,比如,甘南县政府委托齐齐哈尔工程学院管理甘南县职业教育中心学校。

直接补助是政府向承担某些类型教育服务的机构和个人给予各种形式的财政补贴或优惠政策。比如,浦东新区对送教上门的特殊教育教师给予补贴,对向社区开放教育设施的公办中小学给予财政补贴;陕西为确保民办高校教职工依法参加各类社会保险,每年拿出4 000万元,按以奖代补形式给予补助。

5. 购买模式

从国外实践来看,政府向社会组织购买公共服务的工作模式一般有四种,即根据承接公共服务的社会组织相对于作为购买方的政府部门是否具有独立性,分为独立性服务购买与依赖性服务购买;依据购买程序是否具有竞争性,分为竞争性购买与非竞争性购买。(王浦劬 等,2010)

当前政府购买教育服务的模式主要有独立关系竞争性购买、独立关系非竞争性购买、依赖关系竞争性购买、依赖关系非竞争性购买四种模式,如表4-2所示。

表4-2 我国政府购买教育服务的购买模式

购买模式	案例
独立关系竞争性购买	浦东新区社会发展局购买教育内涵项目
独立关系非竞争性购买	重庆江北区政府采用"以奖代补"的方式向普惠性民办幼儿园购买服务;上海浦东新区向民办学校购买农民工子女的学位
依赖关系竞争性购买	上海浦东新区政府购买学前教育服务
依赖关系非竞争性购买	浦东新区对向社会开放体育设施的公办中小学给予补贴

从总体上而言,在教育中介组织与政府的独立性方面,正在从依赖关系走向独立关系;在购买程序是否具有竞争性方面,大多数的购买教育服务都属于非竞争性的购买模式,只有少数项目实施了竞争性购买模式。

6. 购买程序

购买程序和机制是否完善,直接关系到政府购买服务工作能否取得实效。地方政府对政府购买服务的程序进行了较为详细的规定。

浙江省制订了项目申报、项目评审、组织采购、资质审查、合同签订、项目监管、绩效评估、经费兑付一体化流程。

上海市杨浦区明确政府购买服务按照项目设立、预算申请、立项审查、汇编目录、发布信息、项目申报、资质认定、竞标评审、中标公告、签订合同、资金拨付、项目管理、评估验收的流程组织实施。

重庆市明确政府在购买服务项目确立后,由购买主体根据服务事项的市场发育程度、服务提供方式和特点等因素,按照方式灵活、程序简便、竞争有序的原则组织实施。符合竞争性条件的服务项目纳入政府采购程序实施采购,向社会公布购买服务事项的预算资金、主要内容、承接标准和目标要求等信息,并采取公开招标为主的方式确定服务承接主体,体现公平公正。

7. 资金管理

目前,我国政府购买服务的资金来源主要由三部分构成:一是财政预算资金;二是预算外资金,主要是福彩公益金;三是设立专项资金,其中既有财政资金,也有社会捐赠资金。各地财政部门和市政府相关工作部门对项目资金实行跟踪管理,定期或不定期地对资金使用和项目进展情况进行监督检查,督促资金使用单位加强资金和项目管理。同时,财政部门将政府购买服务资金纳入财政资金绩效管理体系,确保资金使用安全有效。

目前,上海市政府购买教育服务的资金安排均是通过项目形式以专项经费的方式安排的。《上海市教育委员会关于服务项目政府采购暂行管理办法》中规定,政府购买服务所需资金在市教委部门预算专项经费中安排。

在购买资金方面,重庆市规定政府购买服务是财政资金使用方式的调整,不是要新增财政支出,其资金需求由政府各部门在既有预算中统筹安排,既不改变现有的预算体系和格局,又不给各级财政带来新的压力。今后政府提供公共服务新增的所需资金,原则上都要按照购买服务的方式实施,并纳入财政预算安排,不再新增机构和人员。

8. 评估监管

各地在开展购买服务中,十分注重项目绩效评估,初步探索建立了多方参与的项目监管模式。普遍开展专项评估,通过内部评估和外部评估相结合,对项目实施效果进行绩效跟踪和多方评估,做到了事前有资质评估,事中有监督管理,事后有绩效评估。

为确保形成政府购买教育服务的长效机制,重庆市政府将建立由购买主体、服务对象(社会公众)及第三方组成的综合性评审机制,对购买服务的数量、质量进行考核评价。评价结果向社会公布,并作为费用结算、以后编制项目预算和选择承接主体的重要依据。监察、审计等部门按照职责对政府购买服务实行全过程监督,民政、工商以及行业主管部门也将把社会组织、企业等承接政府购买服务的情况纳入年检年报、评估、执法等监管体系,并建立守信激励和失信惩戒机制。

浙江省建立健全由购买主体、服务对象及第三方组成的综合性评审机制,对购买服务项目数量、质量和资金使用绩效等进行考评。考评结果向社会公布,并作为以后年度编制政府购买服务预算和选择政府购买服务承接主体的重要参考依据。

(二)我国政府购买教育服务的成效及经验

经过十余年的探索,各地政府在购买教育服务方面已经取得了一定的成效,积累了一定的经验。

1. 成效

(1)通过购买教育服务解决特定的政策问题。

政府在运用购买服务这一政策工具时,总是指向解决具体的实践问题。比如,政府购买民办幼儿园、民办中小学的学位,是为了解决随迁子女入园、入学高峰期,政府公共教育资源不足的政策问题。政府向教育专业组织购买学校管理服务,是为了解决教育发展不均衡的问题。解决特定问题的政策指向明确,有利于政策的具体执行与实施。

(2)提高了政府教育服务供给的效率与质量。

教育服务的单一提供易导致服务价格的垄断、改进动力不足,从而降低教育服务供给的效率和质量。政府通过购买教育服务,推进了教育行政部门职能的转变,实现了"管、办、评"的分离。同时,市场机制、竞争机制的引入,降低了政府教育服务供给的成本,例如,宁波市购买智慧教育云平台服务,不仅节省了2 500万元的财政支出,而且提高了20%～30%的使用效率。

(3)满足了社会公众多元的、多层次的教育需求。

政府向教育专业机构购买教师培训服务、教育评估服务、特殊教育送教上门服务等,整合、吸引更多的教育专业机构进入教育领域,参与提供教育服务,更好地满足了社会公众多元的、多层次的教育需求。

2. 经验

(1)简政放权,创新政府职能。

地方政府在购买教育服务的实践过程中,积极探索政府在教育服务供给中的职责、定位,把购买教育服务作为转变政府职能的一个抓手。把凡是政府不该管的,但是企业和社会需要、又有人管的事转移出去;凡是政府需要管的,但是政府管理效率低、管不好的,可以由具备条件的社会力量来承接,但政府要向其购买服务。随着政府公共服务职能的调整和转移,倒逼事业单位逐步实现由"养人"向"办事"转变。

(2)顶层设计,稳步推进。

各地着眼全盘统筹、长远谋划,明确目标任务,纷纷制订购买服务的实施细则、管理办法,通过不断完善相关制度,使政府购买教育服务有"法"可依、有序、规范、科学地购买教育服务。同时遵循稳步推进的原则,从"点上试行"逐步到"面上推广",确保改革有条不紊持续推进。

(3)加大社会组织的培育力度,加强信用建设。

一些省市优先选择具备 AAAA、AAAAA 资质的社会组织进行重点扶持,在人员培训、内部制度完善等方面开展分类指导,并积极推进社会组织"去行政化""去垄断化"改革,促进社会组织"强身健体",增强承接运作能力。同时,通过建设信用信息共享平台,将社会组织及其他社会力量的诚信、信誉等评估情况纳入社会信用体系,不断提升其自律管理能力和信用水平;对有不良记录的承接主体及时向社会公布,实行"黑名单制度"管理,规定在一定期限内不予准入。

(4)聚焦财政资金使用绩效。

为确保形成政府购买教育服务的长效机制,各地顺应财政预算改革要求,加强财政资金使用情况的绩效考核,将政府购买服务绩效评价的结果作为后续预算管理的重要依据,积极推进如"政府云"等有利于提升财政资金使用绩效的政府购买服务工作,切实降低政府公共支出成本。同时,通过建立多方共同监管机制,保障购买服务工作的公正、透明、规范,实现资金的使用效率和社会效益的最大化。

三、试点案例

(一)上海市试点案例

2005 年浦东新区社会发展局委托成功教育管理咨询中心管理东沟中学,是国内政府向社会组织购买教育服务的较早尝试。目前,上海市各级政府购买教育服务的探索已涉及各级各类教育领域,惠及外来务工人员子女、郊区薄弱学校、教师培训、特殊教育等多个方面。

1. 背景

进一步理顺政府、市场与社会之间的关系,推动政府职能转变是上海市政府购买教育服务的宏观背景之一。而人民群众对优质公共教育服务的需求与政府有限服务供给能力之间的矛盾成为政府购买教育服务的直接原因。随着社会经济的发展,上海市各级政府不仅要满足民众多元化的教育需求,更要高效地满足民众对优质教育的需求,提高政府供给公共教育服务的质量与效益,这对政府公共服务供给能力提出了巨大挑战。正是在这样的背景下,上海市各级各类政府从试点购买居家养老服务等公共服务入手,开始探索以政府购买服务的方式满足民众的公共服务需求,提高政府供给公共服务的能力与质量。

2. 购买教育服务的类型与内容

上海市政府购买教育服务的范围较广,类型与内容较丰富,购买方式较多样。从学段和教育领域来说,包括了学前教育、基础教育、职业教育、高等教育、社区教育、老年教育等领域。从类型与内容上来说,涵盖了购买学校管理服务、购买学位、购买评估服务、购买培训服务等。

(1)购买学校管理服务。

政府购买学校管理服务,就是政府委托教育专业机构实施学校管理服务,因此也被称为"委托管理"。委托管理主要运用于上海市基础教育领域快速提升郊区农村薄弱学校或新办学校的办学水平。上海从2007年起,启动了两年一轮的郊区农村义务教育阶段学校的委托管理工作。市级财政每年为每一所托管学校安排50万元托管经费,不足部分由受援区县补足,大大提升了薄弱学校的发展水平。

(2)购买学位。

购买学位就是政府向民办学校(幼儿园)购买学生的入学位置。政府购买学生的入学位置的主要形式有两种:第一,向民办幼儿园购买地段生的入学位置;第二,向民办学校购买农民工子女的入学位置。政府通过购买民办幼儿园或民办学校的学位,为上海市的随迁子女提供普惠、公平的学前教育服务与义务教育学位。

(3)购买特殊教育看护服务。

为保障所有残疾儿童享受持久的特殊教育医教结合服务,上海市采用向专业医院、视障教育指导中心、听障教育指导中心等专业服务机构购买服务的方式,对每一个残疾儿童进行入学前的科学鉴定、过程性的康复分析,并及时提供动态修正和有效实施个性化的安置及教育、康复、保健方案,为每个残疾儿童建立个人档案,开展个别化医教结合服务。

(4)购买社区教育和老年教育服务。

为提供优质、丰富的社区教育、老年教育服务,上海市以政府购买服务的方式建设"东、西、南、北、中"5所高水平老年大学,建立理论研究、政策研究、课程开发等中心,形成老年教育支持服务体系,通过公开招投标的方式组织编写100多本老年教育教材,建立3000多个居村委老年人标准化学习点,通过向各类文艺培训机构购买服务培育老年人学习团队,为老年人提供丰富的学习选择和优质的老年教育服务。

(5)购买教育评估服务。

购买教育评估服务是指政府选择并委托具有专业资质的、中立的教育评估机构对某些教育服务、教育事项进行公正的、客观的、专业的评估。上海市于2004年在全国率先成立了上海市教育评估协会,通过政府采购或多种方式的购买服务,全面参与了上海各级各类教育的评估检查等。

此外,上海市各级政府还通过多种方式向社会组织购买教师培训服务、项目研究服务、提供设施服务等。

3. 购买高等教育服务的相关探索

高校在理论研究、教师培训等方面具有一定的优势资源。上海市政府在购买高等学校的理论研究服务、教师培训服务等方面展开了探索。

(1)向上海市开放大学购买服务,促进老年教育发展。

上海市教委向开放大学购买服务,建设"东、西、南、北、中"5所高水平老年大学,均衡配置老年教育资源,实现老年教育"就近、便捷、快乐"。为支持服务于老年教育,上海市依托华东师范大学终身教育研究院和上海教育学会等社会组织,建立了理论研究、政策研究、课程开发、师资培训、信息管理、国家交流等10个中心,为全市的老年教育提供理论支持。

(2)购买两所师范大学的教师培训服务。

上海有两所师范院校,分别为华东师范大学和上海师范大学。上海市教委每年安排专项经费,向华东师范大学、上海师范大学购买高校教师的培训服务。一是购买高校新入职教师培训服务,二是购买两所师范大学的民办高校骨干教师培训服务。2013年上海市启动民办高校"骨干教师"强师工程,政府采用全额购买服务的方式,委托华东师范大学、上海师范大学分学科、分专业开展针对全市民办高校骨干教师的教学能力培训,促进民办高校骨干教师成为"双师双能"型人才。

(3)在职业教育领域,政府支持校企双向购买服务。

上海自2006年起,先后建立9个行业职教集团和12个区域职教集团,共有来自企业、行业协会、科研机构、中高职院校的成员单位800多家参与其中。在职教集团运行过程中,校企双方通过双向购买服务的形式,企业累计接受职校教师实践锻炼近万人次,学校为企业培训职工40余万人次。校企双方通过双向购买职业教育专业培训课程和教材等形式,促进校企紧密融合。

(4)政府购买"985"高校服务,服务于上海市经济社会发展。

为促使在沪4所"985"高校更好地服务上海地方经济社会发展,帮助地方高校提升办学水平,上海自2011年建立了地方性引导资金的机制,在2011年至2014年累计向4所在沪"985"高校投入14.4亿元引导性资金购买服务,要求4所高校更好地对接服务上海重大经济社会发展战略需求,帮助上海市属公办高校更好地提升办学水平。

(5)政府购买民办高校的服务。

从广义上说,政府对于民办高校的扶持是政府购买民办高校的相关教育服务。2015年度上海市民办教育政府专项扶持资金重点对校区建设有较大进展的学校给予项目资助,重点支持非营利性民办高校的发展,支持承担教育综合改革试点项目和其他委托项目的学校。以项目委托、购买服务的方式支持民办高校的发展。

4. 对上海市政府购买教育服务进行分析

目前对上海市政府购买教育服务在实践中呈现出多样化的形态,对于政府购买教育服务的理解也不尽相同。以下从购买主体、承接主体、购买方式、购买的经费安排等方面进行分析。

(1)购买主体与承接主体。

关于购买主体,在政府采购法有关采购人规定(国家机关、事业单位和团体组织)的基础上,结合政府购买服务行为的特殊性,规定本市各级行政机关是政府购买服务的主体。购买主体是政府购买服务的责任主体,具体负责组织实施购买服务活动。《上海市教育委员会关于服务项目政府采购暂行管理办法》中规定,"服务项目政府采购招投标、合同签订等行为应以上海市教育委员会名义实施"。可见,此处的政府是一个广义的政府概念,核心要件有两个:一是提供公共服务,二是公共服务由财政经费承担。

关于承接主体,在满足与政府采购法有关供应商资格、条件的规定相衔接的前提下,结合政府购买服务的特殊要求以及当前事业单位改革情况,并落实党中央、国务院关于完善城乡社区治理的有关意见要求,《上海市政府购买服务管理办法》将承接主体范围限定为:依法成立的企业、社会组织(不含由财政拨款保障的群团组织),公益二类和从事生产经营活动的事业单位,农村集体经济组织,基层群众性自治组织,以及具备条件的个人。

(2)购买方式。

上海市政府购买教育服务购买方式的基本特点为合同制与直接资助制并存,非竞争性购买与竞争性购买并存。

合同制与直接资助并存。上海在探索购买教育服务的实践过程中,购买学校管理服务、购买教育评估服务等均已采取了合同制的购买方式。并且政府通过购买第三方专业机构的评估服务,来评估社会组织提供教育服务的质量和效益。但购买特殊人群的服务、购买学校向社区开放设施等服务并没有采取合同制的方式,而是直接给予一定数额的财政补贴,比如浦东新区对送教上门的特殊教育教师给予补贴,对向社区开放体育设施的公办中小学给予财政补贴等。

非竞争性购买与竞争性购买并存。由于目前教育专业组织的数量较少,上海市政府购买教育服务的方式仍然是非竞争性购买与竞争性购买并存。

在实践操作中,许多购买服务项目已经做到了在门户网站公开发布招投标信息,但由于教育专业组织较少,有的项目会出现只有一家机构参与竞标,或者项目直接采用邀标方式进行。比如,上海市郊区农村义务教育学校委托管理前几轮的项目多采用邀标或定向招标方式进行。

(3) 购买的经费安排。

目前上海市政府购买教育服务的资金安排均是通过项目形式以专项经费的方式安排的。《上海市教育委员会关于服务项目政府采购暂行管理办法》中规定,政府购买服务所需资金在市教委部门预算专项经费中安排。相关政策对于购买服务经费的明确安排说明上海市各级政府通过购买服务的方式来供给服务越来越普遍,但另一方面,政府购买服务的经费均是专项经费的形式或项目的形式说明政府对于购买教育服务尚缺乏长期的规划与安排。

5. 上海市政府购买教育服务的成效与经验

经过十余年的探索,上海市政府购买教育服务的实践已经取得了一定的成效,积累了一定的经验。上海市各级政府通过购买民办幼儿园、民办学校的学位,解决了外来务工人员子女入学难的政策问题,使外来务工人员子女享受到了公平、普惠的基本公共服务。购买学校管理服务有效提升了上海市农村郊区薄弱学校和新办学校的办学水平,促进了上海市基础教育的均衡发展。政府向教育专业机构购买教师培训服务、教育评估服务、特殊教育送教上门服务等,整合、吸引更多的教育专业机构进入教育领域,参与提供教育服务,更好地满足了社会公众多元的、多层次的教育需求,提高了政府教育服务供给的效率与质量。

(1) 通过购买教育服务解决特定的政策问题。

上海市各级各类政府在运用购买服务这一政策工具时,总是指向解决具体的实践问题。比如,政府购买民办幼儿园、民办中小学的学位,是为了解决上海市面临的随迁子女入园、入学高峰期,政府公共教育资源不足的政策问题。政府向教育专业组织购买学校管理服务,是为了解决上海市各区县基础教育不均衡发展的问题,通过教育专业组织的管理,来快速提升郊区农村薄弱学校的办学水平。解决特定问题的政策指向明确,有利于政策的具体执行与实施。

(2)委托管理、购买学位等购买服务已形成较完备的购买流程与体系。

在基础教育领域,上海市各级各类政府购买教育服务经过十余年的探索与发展,在委托管理、购买学位等购买服务方面已形成较完备的购买流程与体系。比如,委托管理可分为确定委托管理的受援学校(选定实施委托管理的相对薄弱学校或新开办学校、教育行政部门确立具体的委托管理目标、设定委托管理经费)、通过招投标程序确定接受委托管理的中介机构(招标、投标、开标、评标与定标)、教育行政主管部门与中标的教育管理中介机构签订委托管理协议、委托管理过程的监督与评估(内外部评估相结合、常规与专项评估相结合、风险预警机制)等几大流程与程序。

(二)浙江省试点案例

浙江省于1997年开始试点购买公共服务,国务院办公厅《关于政府向社会力量购买服务的指导意见》(国办发〔2013〕96号)和财政部、民政部、国家工商总局《政府购买服务管理办法(暂行)》(财综〔2014〕96号)颁布后,浙江省对政府购买公共服务工作进行了全面部署。

1. 背景

1997年至2000年,浙江政府购买服务处于起步探索阶段。这一阶段特征是围绕公共项目的硬件需要和专业技术服务,努力建设节约型政府。政府为了扩大公共项目工程、加强机关自身建设,降低行政成本,构建预防腐败体系,一方面从规范工程建设招投标、货物采购、机关后勤服务着手,对涉及工程项目、电子设备、网络、软件开发和维护管理统一竞标采购;另一方面利用学术性、专业性社会组织知识密集、人才聚集的优势,委托组织进行专业技术鉴定、检验、检测、统计、咨询、论证、调研等服务。

2001年至2007年,政府购买公共服务的领域逐渐拓宽,从工程建设、货物采购、机关后勤服务逐步向教育、卫生、文化等部分公共领域拓展。

从2008年开始,政府购买服务向社会福利、社区建设、治安管理、经济转型等各个领域全面拓展。在服务经济上,浙江近两年重点培育现代服务、电子信息、环保节能等一批新兴行业协会,促进经济转型升级。2008年至2009年杭州市共扶持14个行业协会,扶持项目33个,购买资金1750万元。

2. 出台政策文件

2011年,浙江省温州市出台了《关于实施国家民办教育综合改革试点加快教育改革与发展的若干意见》(温委〔2011〕8号),其中第七条专门明确提出建立政府购买教育服务机制,包括购买服务范围、标准等。2012年温州市出台了《关于加快推进社会组织培育发展的意见》的子文件《关于政府购买社会组织服务工作的实施细则》。其中涉及政府购买服务中竞标、监管、财务成本、公众参与等问题。2013年,温州市出台了《温州市政府职能向社会组织转移暂行办法》《温州市政府职能向社会组织转移目录(第一批)》《温州市市本级具备承接政府职能转移条件的社会组织目录(第一批)》。2014年,浙江省人民政府办公厅为积极推进政府购买服务的政策举措,公开发布了《浙江省人民政府办公厅关于政府向社会力量购买服务的实施意见》(浙政办发〔2014〕72号)、《浙江省政府购买服务工作联席会议办公室关于推进政府购买服务扩面试点工作的通知》(联席会议〔2015〕1号),并建立了浙江省政府购买服务工作联席会议制度。浙江省财政厅印发了《浙江省政府购买服务预算管理办法》(浙财预〔2014〕25号)以及《浙江省政府向社会购买服务的指导目录(2015年度)》,浙江省各市、县也纷纷制定并出台了政府购买服务相关指导性文件。

3. 运行机制

根据上述文件,浙江省政府实施购买教育服务的机制如下。

(1)购买主体。

政府购买服务的主体是经费由财政承担的各级行政机关和参照公务员

法管理、具有行政管理职能的事业单位。纳入行政编制管理且经费由财政负担的群团组织,也可以根据实际需要,通过购买服务方式提供公共服务。如温州市科技局、知识产权局与浙江工贸职业技术学院合作成立知识产权服务园,利用学校场地,学校进行经营管理,为温州企业提供知识产权一站式服务,并由科技局提供经费支持。

(2)承接主体。

承接政府购买服务的主体包括依法在民政部门登记成立或经国务院批准免登记的社会组织,以及依法在工商行政管理或行业主管部门登记成立的企业、其他经济组织、机构等社会力量。承接主体应具有独立承担民事责任的能力,具备提供服务所必需的设施、人员和专业技术的能力,具有健全的内部治理结构、财务会计和资产管理制度,具有良好的社会和商业信誉,具有依法缴税和社会保险的良好记录,并符合登记管理部门依法认定的其他条件。2013年,温州市出台了《温州市市本级具备承接政府职能转移条件的社会组织目录(第一批)》,市民政局根据社会组织的市场化运作程度、行业代表性、组织结构等条件,筛选出110家社会组织(其中社会团体91家、民办非企业19家),并将资质条件划分为必要条件、优先条件两个档次。2014年10月,浙江省开展了"政府购买公共服务首选社会组织"推选活动。如教师教育培训服务的承接主体,全省目前162家中,80余家为高校,10余家包括中国教育学会、中国教师研修网、中国教育电视台、中国中小学教师继续教育网等在内的机构。初步统计,民营培训机构承担了约20%的浙江省中小学教师培训任务。

(3)购买内容。

浙江省购买教育服务项目主要包括教师教育培训、农村困难学生爱心营养餐、校车安保、校车接送服务等。购买高等教育服务项目还涉及科研课题项目和教师质量评估,如整个高校或重点学科、重点实验室、重点项目质量评价等。宁波市教育服务购买内容还涉及公共教育规划、政策研究、宣传服务、资讯收集与统计分析、基础设施管理与维护、质量成果评估和交流推广,政府委托举办教育的活动组织和实施工作等。温州市购买教育类服务主要涉及政府购买民办教育服务、校园安保、公共教育规划和政策研究四个方面。如温州大学所涉及的"政府购买高等教育服务"主要有两类：一是指政府菜单式的购买服务，如为温州市教育局及各县区教育部门提供"中小学教师继续教育培训""校长班""幼儿园园长班"等；二是基础性和公益性研究项目、重大共性关键技术研究等公共科技项目。

(4) 购买方式。

政府购买服务的方式主要采用公开招标、邀请招标、竞争性谈判、单一来源、询价等政府采购方式确定承接主体。针对不同特点的服务项目，探索与之相适应的采购方式、评审机制和合同类型，按照方式灵活、程序简便的原则组织开展政府购买服务工作。例如，温州市创新采购方式，通过预选库的办法购买服务，目前已建立了出国考察学习预选库，评价、审价等预选库。

(5) 购买程序。

建立健全以程序规范、合同约束、全程监管、信息公开为主要内容，相互衔接、有机统一的政府购买服务机制，规范项目申报、项目评审、组织采购、资质审查、合同签订、项目监管、绩效评估、经费兑付一体化流程。

(6) 资金管理。

各地财政部门和市政府相关工作部门将对项目资金实行跟踪管理，定期或不定期地对资金使用和项目进展情况进行监督检查，督促资金使用单位加强资金和项目管理。同时，财政部门将政府购买服务资金纳入财政资金绩效管理体系，确保资金使用安全有效。温州市为加强购买服务项目预算管理，着力规范政府购买服务预算编制，细化通用类购买服务需求标准，如实行物业管理费支出定额标准制度，物业管理费定额实行分类分项综合管理，再如，确定不同类别的计算机网络维修和保养标准等。

(7) 绩效管理。

建立健全由购买主体、服务对象及第三方组成的综合性评审机制，对购买服务项目数量、质量和资金使用绩效等进行考评。考评结果向社会公布，并作为以后年度编制政府购买服务预算和选择政府购买服务承接主体的重要参考依据。

4. 典型案例

(1)温州市购买民办教育服务。

2005年起,浙江省财政按与中央财政以奖代补资金1∶1的比例安排外来务工人员子女教育专项资金,向全省民办学校购买义务教育"学位"。为充分调动民间捐资助学的积极性,通过政府补贴、政府购买服务等方式,支持民办教育发展,从2014年起,省财政安排"支持市县民办教育发展专项资金"近2亿元(不含学前教育)。这些年,温州市外来务工人员随迁子女入学人数以每年近2万人的速度递增,如果按照常规标准计算,相当于每年全市需要为此新增近17所学校400个班级。

①购买内容。建立民办学校政府购买服务机制,政府与以向民办学校购买学位、培训、学科专业建设、科学研究、师资培训和人才队伍建设等教育服务。

②购买条件。获得政府教育购买服务的民办学校,必须具备以下四个条件:登记为民办事业单位法人的民办学校;学校85%以上的教师落实社会保障政策(其中,温州以外户籍教师因各地社保政策不同,可根据实际情况确定参保比例),足额缴纳教师社会保险费的单位应缴部分;落实当地民办学校教师最低工资制度;执行相应的会计制度。

③经费管理。政府购买服务补助资金由同级财政列入预算。每年10月份前,由教育、财政部门核定符合要求的民办学校在校生人数,由财政部门按当地上年同类公办学校生均教育事业费给予一定的补助:义务教育阶段补助标准为30%～50%,学前教育、高中段教育补助标准为20%～30%,高等教育补助标准为15%～20%。经费按以下顺序分别优先用于缴纳教师社会保险费的单位应缴部分、教师培训、教师最低工资、改善办学条件等。政府购买服务补助资金与星级等级挂钩,五星级、四星级、三星级民办学校分别享受政府购买服务比例数额的100%、75%、50%。

（2）宁波市购买智慧教育云平台服务。

为了促进教育信息化的发展，浙江省宁波市创建了智慧教育研究与发展管理中心，挂靠宁波市学校装备与电话教育中心。

①购买内容。一是作为购买主体向外购买服务。如委托浙江大学张剑平教授一起合作完成智慧教育课题研究，引入浙江大学于红华等高校信息化相关教授作为研发中心技术顾问，为全市智慧教育顶层设计与未来发展规划出谋划策。二是作为承接主体提供服务。智慧教育云平台是为智慧教育门户网站、学习平台、公共服务平台提供基础运行环境和计算、存储能力的软硬件资源的总和，同时通过云桌面、云机房等项目逐步为全市所有学校（教育单位）提供计算、存储、带宽以及PC服务。

②购买程序。由于云平台服务对象群体的数量总体庞大，且变化弹性较大，因而在云平台中采用了能支持动态调整的云计算和虚拟化技术，将传统的软硬件物理设备（服务器、存储、安全设备等）变成虚拟设备，按政府采购流程进行公开招投标，确定中标公司，政府租用该公司提供的虚拟设备，采用租费的计价方式，按虚拟设备数量、按时长支付租费。该模式既不同于以往常见的BOT模式（因无产权转移），也不同于目前的PPP模式（不存在合营及特许经营），同时跟目前BAT等互联网企业租用公有云也存在区别（教育云对本地化要求很高，很多应用必须基于本地的教育城域网进行）。

③购买成效。一是减少一次性投入。宁波智慧教育云平台一期、二期合计年租费在500万元左右。若市教育局采购设备完成自身建设在3 000万元以上，尤其是机房建设方面，运营商高标准机房配套设施（油机房、多路市电等）等固定投入都是以千万元计。二是提高财政资金使用效率。如云机房项目，原先由学校各自采购服务器，不仅费用较高，同时使用效率参差不齐，一些条件好的学校大量服务器空置，使用效率不及30%，一些条件较差的学校则买不起服务器。统一使用云平台购买服务后，根据实际需求购买服务并分配资源，可以提高20%～30%的使用效率。三是解决人才紧缺问题。根据以往建设模式，学校为了确保信息化建设的有效推进，至少配备1～2名专职网管员，负责机房维护、信息安全、电脑维修以及信息化建设等，很多学校根本

没有实力引进这方面的专业人才。通过云平台购买服务的方式,由运营商统一安排一批人负责相关运营工作,大大减少了学校网管员的工作量,同时专业化的管理团队也较大缓解了教育领域的信息安全问题。

(三)重庆市试点案例

1. 背景

我国地方政府提供公共服务方式的改革起源于20世纪90年代后期,但政府购买公共服务正式由国家层面提出来,是在党的十八大和新一届中央政府组成之后。中央强调要"改进政府提供公共服务方式",十八届三中全会明确提出要"推广政府购买服务,凡属事务性管理服务,原则上都要引入竞争机制,通过合同、委托等方式向社会购买"。

重庆作为西南重镇,是长江上游地区经济金融中心及航运、文化、教育、科技中心,地理位置十分重要。重庆市政府非常重视政府购买服务,在出台相关政策文件之前已有实践,市级层面先后在市政管护、服务三农、教育培训、环境保护等方面进行了探索,区县也在普法、中小企业服务等方面进行了尝试。从实践效果看,推进政府购买公共服务,凸显了良好的社会效益和资源使用效率。

《中共中央关于全面深化改革若干重大问题的决定》中提出"健全政府补贴、政府购买服务、助学贷款、基金奖励、捐资激励等制度,鼓励社会力量兴办教育",充分表明中央对政府购买教育服务的重视。为此,重庆市政府把大力推广政府购买教育服务作为贯彻落实十八届三中全会精神、推进全面深化教育改革的一项重要工作。

2. 出台政策文件

为了统一思想,稳步推广,进一步促进政府职能转变和建设服务型政府,加强财政支出效益管理,深化社会事业改革,提高公共服务供给水平和效率,重庆市出台了一系列的相关政策文件。如《重庆市政府购买服务暂行办法》(渝府办发〔2014〕159号);《重庆市市级政府购买服务指导性目录》(渝财综〔2014〕144号);《政府向社会力量购买服务项目政府采购工作流程》(渝财采购〔2014〕35号);《重庆市市级2015—2016年政府采购目录及标准》(渝财采购〔2015〕16号);《渝北区政府购买信息服务实施办法(试行)》(渝北府办发〔2015〕9号)。

这些政策文件对购买主体、承接主体、购买内容、购买资金、购买程序及绩效评估等内容进行了较为详细的规定。总体上看,重庆市已基本形成中央和地方共同推进政府购买服务改革的氛围和机制,相关工作在不断开展。

3. 运行措施及办法

(1)明确以政府行政部门为主的多元购买主体。

重庆市规定政府购买服务的主体是各级行政机关和参照公务员法管理、具有行政管理职能的事业单位。纳入行政编制管理且经费由财政负担的党的机关、人大机关、政协机关、审判机关、检察机关、民主党派,工青妇等人民团体也可根据其公共服务职能职责的实际向社会购买服务。

(2)明确以社会中介组织为主的多元承接主体。

重庆市政府规定依法在民政部门登记成立或经国务院批准免予登记的社会组织、依法在工商管理或行业主管部门登记的企业、机构等社会力量,均可参与承接政府购买服务。

为推进事业单位改革和去行政化,重庆市将不具有行政管理职能的事业单位也纳入政府购买服务的承接主体范畴,以推进其逐步走向市场。事业单位参与承接政府购买服务必须符合《重庆市政府购买服务暂行办法》相关条件,并与社会力量平等参与竞争。

(3)拓展政府购买教育服务的方式和内容。

近年来,重庆市在高等教育领域推进政府购买服务方面采取以下做法。

第一,建立民办高校公用经费补助机制,增强其办学实力。2012年,重庆市实施民办高职学校公用经费补助制度,根据办学层次和类型每年生均补助1 400~2 000元。2014年,建立民办本科高校公用经费补助制度,每年生均补助2 000元。2015年,安排民办高校公用经费补助资金3.3亿元,大力支持民办高校发展。对民办的学前教育、义务教育、中职教育都建立公用经费补助制度,每年生均补助标准,民办学前教育机构和中职学校为500元,义务教育阶段学校与公办学校一致。

第二,整合教育信息化资源,提高其水平。2015年,重庆市教委对教育预算进行了改革,取消委内各业务处室的教育信息化经费,设立统一的教育信息化专项资金6 000万元,由市教委教育信息化推进办公室统筹规划管理,组织实施。原则上不再新购买服务器、存储等设备,按照重庆市政府的集约化要求,以购买服务的方式向两江云计算数据中心迁移,并通过购买网络带宽资源推进重庆市教育宽带网建设。同时,在推进教育资源公共服务平台建设中,启动零投入招标,引入市场化机制来探索"政府规划引导、委托代理监管、合作运营监管、企业提供服务、行业整合资源、用户自主选择"的多方协同模式,努力构建利用信息技术扩大优质教育资源覆盖面的有效机制。

第三,面向社会建立教师培训机构数据库,提升培训质量。重庆市高度重视教师培训工作,每年市级预算安排培训资金1亿元,加上中央补助的教师培训专项资金,每年近2亿元,这些培训资金涵盖高等教育、职业教育、基础教育和干部教育。为提高培训资金的效益,目前重庆市教委正在通过市政府采购中心组织实施公开招标,面向全社会建立教师培训承担机构名录库,服务期拟定为5年,用"合同+绩效"的方式来管理培训项目和培训承担机构,促进培训承担机构自行设计高质量培训方案,提升教师培训质量。

第四,引智借力开展政策研究,提升教育决策管理水平。重庆市每年根据教育工作重点,委托高校、社会团体开展教育重大事项研究,直接为教育决策管理服务。比如,2014年,委托西南大学开展"重庆市高校办学规模核定暨招生规模核定理论与分析模型建构研究";委托重庆市教育考试院、教育评估院、教科院等开展"深化高考招生制度改期研究";通过招标建立高校党建研究咨政中心、网络舆情与思想动态研究咨政中心、师生思想政治工作研究咨政中心和高校维护稳定研究咨政中心4个咨政中心,这4个咨政研究中心实行合同管理、动态管理和定期考核制度,3年一个周期,每年进行一次考核。

第五,发挥第三方社会组织的作用,提高教育服务水平。近年来,重庆市教委积极探索实践,在就业工作引入社会三方机构参与提供优质服务,有力保障高校毕业生的就业创业。

一是联合社会专业教育培训机构开展就业创业指导教师培训。通过政府招投标,与北京新精英、锦程教育及相关协会组织协议合作,每年定期开展高校就业创业指导教师专题培训3~4场,年均培训教师达400余人次。目前,全市高校已有160余人获得人社部和教育部认证的职业指导师资格,130余人获得教育部认证的创业指导师资格,200余人获得全球职业生涯规划师(GCDF)资格。

二是借助和吸纳社会第三方人力资源服务机构开展就业市场信息服务。2012年成功引入重庆菲斯克企业管理咨询有限公司作为"送岗位进高校""就业帮扶"双选活动的企业组织及提供合作方,并实行协议每年一签和分阶段据实结算服务费用。全市每年为毕业生提供的岗位数与毕业人数比例达到2.5:1。

三是委托第三方机构开展高校毕业生就业状况追踪调查评估。经过政府招投标和多次专家论证,从2012年起委托重庆市教育评估院作为第三方机构对全市毕业生就业状况和质量开展调查分析和评价,编写发布年度就业状况报告,为促进高等教育深化改革和发展提供有效依据。

(4)明确政府购买公共服务的程序。

重庆市明确政府在购买服务项目确立后,由购买主体根据服务事项的市场发育程度、服务提供方式和特点等因素,按照方式灵活、程序简便、竞争有序的原则组织实施。符合竞争性条件的服务项目纳入政府采购程序实施采购,向社会公布购买服务事项的预算资金、主要内容、承接标准和目标要求等信息,并采取公开招标为主的方式确定服务承接主体,体现公平公正。

(5)加强政府购买服务专项资金管理。

在购买资金方面,重庆市规定政府购买服务是财政资金使用方式的调整,不是要新增财政支出,其资金需求由政府各部门在既有预算中统筹安排,既不改变现有的预算体系和格局,又不给各级财政带来新的压力。今后政府提供公共服务新增的所需资金,原则上都要按照购买服务的方式实施,并纳入财政预算安排,不再新增机构和人员。

(6)建立政府购买服务绩效评估机制。

为确保形成政府购买教育服务的长效机制,重庆市政府将建立由购买主体、服务对象(社会公众)及第三方组成的综合性评审机制,对购买服务的数量、质量进行考核评价。评价结果向社会公布,并作为费用结算、以后编制项目预算和选择承接主体的重要依据。监察、审计等部门按照职责对政府购买服务实行全过程监督,民政、工商以及行业主管部门也将把社会组织、企业等承接政府购买服务的情况纳入年检年报、评估、执法等监管体系,并建立守信激励和失信惩戒机制。

4. 成效

重庆市在政府购买教育服务方面已着手做了一些尝试,积累了一定的经验,取得了一定的成效。但总体上讲,政府购买教育服务工作还处在起步探索阶段,实施过程中还面临不少问题。

(1)推进教育行政部门职能的转变,节约行政成本。

长期以来,我国公共服务主要依靠政府设立机构直接提供,一些可不由政府直接提供的服务,均由政府实行"大包揽制",造成了一些公共服务质量不高、机构臃肿、人员膨胀、财政负担沉重等弊端。

推行政府向社会力量购买教育服务,不仅提高了资金使用效益,更重要的是进一步转变政府职能,通过简政放权,发挥市场在资源配置中的决定性作用,更好地激发市场主体和社会活力,增强经济内生动力,对于促进管办评分离、提高政府公共服务绩效具有重要作用。

(2)吸纳更多的社会资源引入高等教育领域,扩大教育有效供给。

高等教育服务供给存在质量和效率不高、发展不平衡和可选择性不强等问题,迫切需要创新高等教育服务供给模式,构建多层次、多方式的高等教育服务供给体系。通过政府购买高等教育服务,可以改进政府包办模式,引导市场优化资源整合,增加高等教育服务供给总量,克服供需矛盾,更好地满足社会需求。

重庆师范大学通过向社会购买物业服务,提高了学校的物业管理水平;

通过聘请第三方评估机构对学校的培养质量进行追踪调查,更加公正客观地反映了学校的教学水平;为有效整合学校资源,学校聘请第三方的会计师对学校资产进行审计评估;同时学校还向社会购买劳务服务,不仅缓解了学校人手不足的问题,也节省了学校的财务开支。

(3)激活创新高等教育办学体制。

长期以来,大学都是靠政府的财政保障来生存和发展,大学对自身的生产效率、资源消耗、教育市场环境等问题不太关注,缺乏积极进取的动力。采取政府购买高等教育服务的做法,把各类社会教育要素引入教育领域,通过市场机制激活,能够激发大学强烈的竞争意识,创新人才培养模式,提高教育服务质量,促进高校办出特色、争创一流。

重庆人文科技学院艺术学院的学生以往实习总是单打独斗,很多学生找不到实习的地方。学校通过积极努力争取到了政府的一个文化采购项目,不仅满足了政府需求,丰富了社区群众的文化生活,同时也解决了学校学生的实习基地问题。

重庆工业职业技术学院坐落在一个工业园区,园区政府为解决外来务工人员的工作问题,通过招标向社会购买外来务工人员工作岗位培训。学院利用自身在技能培训方面的优势赢得竞标,不仅为政府解决了失地农民的稳定问题,也激活了学校多余的优质资源。

(四)陕西省试点案例

政府向社会力量购买教育服务,是创新社会管理、打造服务型政府、改进公共服务提供方式、加快服务业发展、引导有效需求的重要途径,对于深化社会领域改革,推动政府职能转变,整合利用社会资源,增强公众参与意识,激发社会活力,增加公共服务供给,提高公共服务水平和效率,都具有重要意义。

陕西省虽然在经济社会发展上是中西部欠发达地区,但是在高等教育方面是大省。在党中央、国务院以及有关部委发布政府购买公共服务的相关文件后,陕西省积极响应,在购买教育服务实践方面采取了一系列举措。

第三章 我国政府购买教育服务的实践案例

2014年10月15日,陕西省财政厅、民政厅、审计厅、工商局联合印发了《陕西省政府向社会力量购买服务暂行办法》和《陕西省政府向社会力量购买服务指导目录》,为做好政府购买服务工作提供了政策指导和实施指南。根据陕西省实际和《陕西省政府向社会力量购买服务指导目录》范围,政府购买教育服务将重点放在公共教育规划和政策研究和宣传服务、资讯收集与统计分析、基础设施管理与维护、成果质量评估、成果交流与推广、全省性学生竞赛活动、特殊教育、义务教育阶段寄宿制学校住宿、食堂、医务室服务等方面,逐步实施政府向社会力量购买服务的试点。

2015年,《陕西省政府向社会力量购买服务暂行办法》和《指导目录》下发后,省教育厅展开了一系列初步尝试:

一是将政府购买教育服务列入"十三五"教育改革发展规划,制定了未来五年的目标任务和工作措施。

二是省教育厅部门预算中安排专项经费1000万元,启动了教育管办评分离改革和政府购买教育服务的课题研究及试点工作。

三是通过政府购买高等教育服务的方式,委托高校专业机构,开展了高校的学科评估和研究生毕业论文评估等工作,如委托西安交通大学牵头组织相关高校的专家学者开展了对省属高校的"巡视诊断"和专业评估工作。

四是与省科技厅、财政厅联合印发了《陕西省关于加强科研经费项目和经费管理的实施意见》,委托开展了高校科研项目和科研成果的评审工作。

五是改革教育审计工作模式,通过省教育厅招标,确定了中标入围的会计师事务所对省属高校和厅属单位进行审计,逐步建立了政府购买教育审计服务的新模式。

六是在西安交通大学成立了陕西省高校数据管理中心,将教育事业统计分析和教育经费统计分析委托该中心承担,为教育事业改革发展提供宏观数据分析和决策建议。

七是在陕西师范大学成立MOOC研究中心,开发和培育高校MOOC网络课程,通过信息化电子平台逐步推进陕西省高等教育的网络化和国际化。

八是结合省教育厅编制2016年部门预算,对省教育厅系统关于政府购买教育服务的需求进行了初步摸底,计划将其列入2016年省教育厅部门预算,争取省财政专项经费支持,进一步拓展政府购买教育服务的领域和范围。

通过调查研究发现,陕西省在落实国务院和有关部委的文件精神,在政府购买高等教育服务方面,进行了大量卓有成效的工作。具体案例如下。

1. 向高校购买科技、培训、职业指导、招聘和数据采集服务

西安交通大学围绕大学生职业指导建立起了一个职业指导服务体系。为陕西省其他院校及社会服务部门提供职业指导与教学服务;为陕西省职业指导师资队伍的建设提供指导和培训服务;为陕西省其他高校提供关于毕业生网上签约系统建设的培训与指导服务;为政府人社系统召开的招聘会提供服务;为陕西省高校教育系统提供毕业生就业数据采集及各类问卷调研服务;为事业单位、大型公司的新员工提供入职培训训练营。2015年3月,省民政厅与西安交通大学联合共建陕西省社会组织高级管理人才培训基地,针对全省各级社会组织负责人、社会组织高级管理人员及社会组织登记管理机关负责人开发系列课程。

西安建筑科技大学承担了《陕西省居住建筑设计标准》编制工作,对基础设施项目融资、住宅产业现代化、西安市廉租房建设等提供了许多决策咨询服务。此外,2008年,陕西省委组织部在学校设立了陕西省干部教育培训基地。2009年,学校还承担了国外专局举办的"中央和国家机关中青年领导干部赴美国英语培训班"的培训工作。

2. 向社会购买对高等院校的审计服务

2011年8月,陕西省教育厅设置独立审计处,负责全省高等教育系统内部审计工作。近年来,审计处立足实际积极开展购买社会审计服务的探索,取得了良好效果,在购买机制、经费保障、质量控制等方面积累了不少好的做法和经验。陕西省人民政府办公厅《关于政府向社会力量购买服务的实施意见》(陕政办发〔2014〕107号)就政府向社会力量购买服务的主体、内容、方式、监督和管理等做出了具体规定,并将审计服务作为社会力量承担的主要公共服务事项列入政府向社会力量购买服务指导目录。高等教育购买社会审计

服务,是教育行政部门或高校内部审计机构通过公开招标等形式,聘请社会审计中介机构从业人员或其他专业人员参与审计,或者将部分审计事项委托社会审计机构完成,并由教育行政部门或高校内部审计机构根据服务数量和质量向其支付费用的方式。高等教育系统购买社会审计服务无论从大学治理层面还是从内部审计工作来讲,都具有十分重要的意义。

3. 分类管理、专项扶持,促进民办高等教育的发展

陕西省促进民办高等教育发展,具体做法有以下两个方面。

一是分类管理,分类支持。2013年,省教育厅、民政厅、工商局联合下发《陕西省民办高等学校(教育机构)分类登记管理实施办法》(陕教民〔2013〕13号),将民办高校、高等教育助学机构分为非营利性和营利性两类,由举办者自愿申报,省级有关部门审核确定。对营利性和非营利性学校实行不同的法人登记管理办法,给予不同的政策支持和资金扶持。

二是突出重点,专项扶持。为了充分发挥专项资金的引导作用和使用效益,陕西省启动了"民办高校能力提升工程",包括民办高校"教学质量提升计划""科研能力提升计划"和"教师能力提升计划"等三个计划,破解影响和制约陕西省民办高校在教育教学质量、科研创新能力、人才队伍建设等方面面临的困境。以科研项目研究和重点研究基地建设为抓手,组织实施"科研骨干培养""创新能力提升""重点基地建设"和"科研成果服务"四大科研工程,设立民办高校科学研究培育基金、高层次优秀人才科研启动基金和民办高校科研成果奖励基金,引导和支持民办高校积极开展科学研究与学术交流。同时,以提升民办高校重点专业建设和应用型人才培养基础设施建设为主线,有计划地支持民办高校共建一批重点实验室培育基地和人文社科重点研究培育基地。此外,把民办高校教师培训纳入高校教师总体培训计划,划拨专项经费,开展民办高校教师任职资格培训、青年教师培训和专题培训。并通过创立陕西青年教师访问学者项目,对民办高校骨干教师开展为期一年的研修访学,进一步提升陕西省民办高校教师的业务能力和专业水平。

4. 财政性资金专款专用，规范国有资产管理

为了促进陕西省民办高等教育事业健康发展，加强和规范专项资金的科学化、精细化管理，提高资金使用效益，省财政厅、教育厅专门制定了《陕西省民办高等教育专项资金管理暂行办法》（陕财办教〔2012〕12号）、《关于加强陕西省民办高校财务管理工作的实施意见》，分别对专项资金的申报条件、用途、使用原则、分配标准等进行了严格的规定。

建立非营利性学校银行专款账户主管部门审批制度，将财政性资金分项存入专款账户，实行专款专用，保证专项资金用于指定用途，不得挪作他用。每年年底及项目建设计划完成后，要求民办高校对专项资金的使用及管理情况进行自评，并将自评结果报送省财政厅、教育厅。在各民办高校自评的基础上，省财政厅、教育厅对项目建设情况进行了绩效考评，并将考评结果作为确定以后年度专项资金项目和资金分配的重要依据。

同时，为加强民办高校采购活动监管，陕西省规定民办高校凡使用财政性资金实施货物、工程和服务采购的，要依法纳入政府采购。凡纳入政府采购的支出项目，要严格按照政府采购管理的有关规定实施。项目建设过程中使用专项资金形成的资产均属国有资产和限定性资产，纳入学校资产统一管理，分类核算，合理使用。

5. 购买优质研究生教育质量评估服务

随着陕西省学科建设和研究生教育综合改革的不断深入，逐步摒弃了过去政府大包大揽、全责全能、事必躬亲的工作方式，将政府购买服务更多地引入具体事务性工作中。政府购买研究生教育服务的工作思路越来越清晰，主要集中在对学科建设成效评估和研究生教育质量提升上。一是2013年组织全省未参加第三轮全国学科评估的52个省重点学科，通过与教育部学位中心签订协议，委托其进行学科评估，并按标准支付了相关评估费用，从而对全省学科建设整体情况有了更加完整的了解，为下一步明确学科建设思路，创新举措，提高学科建设质量、成效和管理水平，提供了决策依据。二是在加快构建研究生教育质量保障体系方面，在省优秀博士学位论文评选、硕士学位论

文抽检等工作中,通过政府购买服务的方式,既提高了工作效率和质量,降低了行政成本和周期,又提高了工作管理的科学性、规范性。三是从2012年开始,在全省成人学位外语考试的命题制卷、报名确认、费用收缴、评卷登分等环节中都采取了政府购买服务的方式,大大降低了工作强度,提高了管理水平。

下一步计划在深入实施全省研究生教育综合改革计划的过程中,充分发挥省学位与研究生教育学会和省学位与研究生教育发展中心的作用,加强与第三方学术团体和中介组织的合作,在推进全省学科建设和人才培养模式改革,建立完善评估检查、数据监控、奖励激励机制为支撑的研究生教育质量保障体系方面,在学科专项资金建设项目实施和绩效管理、省优秀博士论文评选、省研究生联合培养示范工作站遴选、学位授权审核、省研究生创新成果展、学位点评估、学位论文和课程教学质量抽检、质量信息平台建设等具体工作抓手上,积极推广政府购买服务,理顺工作机制,提高工作效能。

四、存在问题

政府购买教育服务已成为国际上许多国家公共服务供给的政策工具之一。国家相关政策的颁布、国内各地区的实践探索充分说明在我国进一步试点和推进政府购买教育服务已成为教育改革与发展的一种趋势。但不可否认的是,政府购买教育服务在实践中的深入实施与推广仍需逐步解决政府对购买教育服务的认识和定位尚不清晰、我国政府购买服务的政策体系尚不完善、承接服务项目的社会组织,自身能力亟待提高、政府购买教育服务的机制有待完善等困境与挑战等。

(一)政府对购买教育服务的认识和定位尚不清晰

对政府购买教育服务的清晰认识与精准定位是政府购买教育服务政策实施取得良好政策效果的前提。我国政府购买教育服务产生于政府转变教育职能、提升教育治理能力的大背景之下。当前我国教育治理体系的构建正在进行中,受传统的、长期的政府直接提供公共教育服务惯性思维的影响,政府、市场、社会、学校等教育治理主体在国家教育治理体系中的职能、定位、角色、功能等尚未完全清晰。政府在国家教育治理体系中的定位与职能直接决定了对政府购买教育服务这一政策工具的定位与认识，但目前尚待在理论研究与实践探索中逐渐清晰明确。

另一方面，目前对于政府购买教育服务本身的系统深入研究不足，也是导致对政府购买教育服务认识与定位不清晰、实践中政府购买教育服务呈现出一些乱象的原因。理论上政府应向什么性质、什么资质、什么标准的社会组织购买教育服务，政府的哪些公共教育服务事项需向市场购买，通过什么方式与程序购买，国外政府购买公共服务的背景、内容与方式、经验与教训是什么，对这些基本问题的研究有待深化。

在各地区政府购买教育服务的试点实践中，由于对购买教育服务这一政策工具缺乏深入研究与清晰认识，对政府购买教育服务的特殊性、复杂性缺乏深入研究，有的地方政府部门因担心购买教育服务会削弱政府权威性与合法性，存在固守怕乱的思想，试点实践购买教育服务的积极性不高、步子迈得不大；有的地方并未深刻分析政府购买教育服务背景、认识政府教育服务意义、明确政府购买教育服务实施的前提与基础就贸然行动，可能无法保障公共教育服务供给的效益与质量。

(二) 我国政府购买教育服务的政策需进一步细化

国外政府购买服务的经验表明，完善的法律政策体系是保障政府购买服务有效实施的重要条件（见专栏）。比如，美国的《联邦政府采办法案》和《联邦政府采购条例》是政府采购法规体系的核心，统一规范了政府各机构的采购政策、标准、程序和方法；韩国政府的《非营利性私人组织支持法》和《私立学校法》，为韩国政府购买服务提供了良好的制度保障。英国先后于1998年和2011年分别发布了《政府和志愿及社会部门关系的协议》和《开放的公共服务白皮书》，通过选择性放权，秉持公平性与多元化原则，改善公共服务，引领公共服务改革创新。澳大利亚1997年颁布的《财政管理与责任法》和《联邦服务提供机构法》规定了政府购买公共服务的细则等。

专栏　国外保障政府购买服务的相关法律

　　许多国家通过立法来扶持社会组织的发展,保障政府购买服务的实施。例如,韩国政府的《非营利性私人组织支持法》(2000年颁布)和《私立学校法》,为韩国政府购买服务提供了良好的制度保障。美国的《联邦政府采办法案》和《联邦政府采购条例》是政府采购法规体系的核心,统一规范了政府各机构的采购政策、标准、程序和方法,此外还有《政府绩效与结果法》《采购规则》。日本政府购买公共服务的进程起始于2004年小泉内阁通过的《推进规制改革、民间开放3年计划》,日本政府在公共服务购买的进程中始终坚持立法为先导的原则。其中,《关于通过竞争改革公共服务的法律》明确了政府购买服务的基本原则;《会计法》及相关法律规定了中央政府有关的购买服务程序;《地方自治法》及相关法规规定了与地方政府有关的购买服务程序,从而形成了关于政府购买服务的较为完备的法制框架。英国先后于1998年和2011年分别发布了《政府和志愿及社会部门关系的协议》和《开放的公共服务白皮书》,通过选择性放权,秉持公平性与多元化原则,改善公共服务,引领公共服务改革创新。澳大利亚1997年颁布的《财政管理与责任法》和《联邦服务提供机构法》规定了政府购买公共服务在这方面的细则。

资料来源:根据相关资料整理。

　　伴随《关于政府向社会力量购买服务的指导意见》(国办发〔2013〕96号)、《政府购买服务管理办法(暂行)》(财综〔2014〕96号)等国家层面相关政策的颁布,各地区政府购买教育服务的试点实践已经由点到面、由个别地区城市的试点实践到上海市、重庆市、四川省、浙江省、江苏省等多个省市开始实践探索。各地政府购买教育服务的星星之火,渐成燎原之势。但不可否认的是,当前我国政府购买服务的相关政策体系还不完善,表现在两个方面:第一,国家层面的相关法律对于购买教育服务适用性不够;《政府采购法》《招标投标法》及其相应的配套法规规章对于政府购买公共服务、购买教育服务这一新事物的适用性不够,尤其是《政府采购法》《招标投标法》等法律法规体系中对"服务"的界定主要停留在政府自身所需要的服务,而不是政府应向民众提供的"公共服务",实践中政府购买公共服务、公共教育服务的许多实践可能游离于法制规范之外。

第二,具体在购买教育服务领域,缺乏关于政府购买教育服务的顶层政策设计。上海市、重庆市、四川省、浙江省、江苏省等地区都根据地方发展的实际需要,在一些教育服务事项方面开展了购买教育服务的探索,也形成了政府购买教育服务的基本流程与制度体系。但公共教育服务具有其自身的特殊性与复杂性,向社会公众提供公共教育服务是政府的基本职能,具有公益性、基础性和普惠性,具有很强的非竞争性和非排他性,具有以人为本,以育人为根本目标的特点。如果购买公共教育服务没有完善的制度体系保驾护航,将会带来不可挽回的风险与损失。但目前由于缺乏专门的针对政府购买教育服务的顶层政策设计,致使各地区对于购买教育服务的试点领域不一,购买方式不同,对社会组织的监管与评估也各有理解。从国家层面和法律政策的权威性层面,对政府购买教育服务进行原则性、科学性的顶层政策设计,给各地政府购买教育服务的试点与实践以政策性的引领、指导,对于推进和推广政府购买教育服务而言显得十分必要。

(三)承接服务项目的社会组织自身能力亟待提高

形成供需两旺的教育服务市场是实现政府购买教育服务的基础性条件。调研发现,在我国绝大部分地区,承接服务项目的社会组织发育不成熟、承接能力不足,一些政府可向社会购买教育服务的事项,在教育服务市场中难以找到合适的承接者是目前存在的主要问题。有的社会组织内部结构不健全、规模小、资源少、缺乏高素质的专业人员,有的社会组织刚从政府部门等相关"母体"中脱离出来,尚不能完全适应市场竞争机制,依靠市场生存发展的意识与能力均有待加强。加之我国社会组织的发育还没有形成行业协会的发展机制,整体服务意识与服务水平较低,规制力不强,公信度不高,不能得到政府、社会和相关服务对象的认可。即使政府推出更多的购买教育服务事项,市场中优质教育服务产品的供给者也寥寥无几。

由于承接公共服务事项的社会组织数量供给不足、专业能力不能满足市场需求,政府购买服务在实践中发生了一定程度的"异化",并没有达到预期提高公共服务供给质量与效益的初衷,具体表现在:第一,由于市场中承担公共服务的社会组织发育不成熟,专业性不强、服务意识与公信度不高,使购买服务在实践中更多的是内部化购买,即政府部门直接选择教育事业单位或选择刚与政府部门"断乳"的近亲社会组织承担公共服务事项;如此作为的结果就可能是在购买服务过程中,政府随意性较大,社会组织在委托代理过程中寻求自我利益最大化。第二,由于社会组织在数量上和专业能力上供给不足,出现了明招暗定的"邀标""假标""陪标"等现象。或者在招标前就已基本敲定某公共服务事项给谁做,仅是找来一些相关社会组织进行"陪标";或者为意向机构"量身定做"招标条件,设置单一准入的招标门槛等;或者还未招标,意向单位已经开工,在服务事项进行中或完工后再提请进行邀标程序或单一谈判程序等。

虽然政府购买教育服务的体量巨大,但我们需要看到,目前还没有形成完善的教育服务市场。一个完善的教育市场,首先要有提供教育服务的生产者;其次,生产者之间存在竞争关系;最后,存在市场主体性,包括生产者、消费者和市场本身所具有的主体性。从这个意义而言,各地的教育市场还有待完善。

我国教育中介组织的数量较少,规模较小,发育程度较低,还没有形成专业的教育服务的"生产者市场",缺乏足够的谈判能力和服务产品的提供水平。一些教育中介组织的发展过于依赖政府的扶持,离不开公立学校的"母体",其自身发展缺乏来自内在和外在的发展动力。

曾有调查结果显示,尽管许多购买服务项目已经做到了在门户网站公开发布招投标信息,但由于目前教育专业组织数量较少,有的项目会出现只有一家机构参与竞标,或者项目直接采用"邀标"方式进行,致使大多数的购买教育服务都属于非竞争性的购买模式,只有少数项目实施了竞争性购买模式。

另外,供给滞后于需求也是较为明显的问题,购买内容亟待明确。目前政府购买教育服务已涉及的范围包括教育基本公共服务、教育管理性服务、教育评估性服务、教学辅助性服务、教育培训服务、教育技术性服务等。各地政府尽管都在积极拓宽购买教育服务的范围和内容,但仅限于一些常规性、事务性、辅助性、临时性的工作,主要是帮助政府部门处理一些咨询参谋、评审评估、检查调研等工作,只是对政府日常管理力量不足的一个补充,仍然是教育行政管理工作的延伸。

政府购买教育服务产品的种类和数量落后于教育发展水平,政府向社会力量购买教育公共服务的规模小、覆盖面不够广,教育公共服务产品供给数量和质量离人民群众对教育优质化、多样性的要求还有很大的差距。

此外,政府购买教育服务的监督和评估机制也亟待健全。虽然各地在开展购买服务中都会注重项目绩效评估,普遍开展专项评估,初步探索建立起多方参与的项目监管模式。但是,目前从总体情况看,服务过程的监督和事后的评估机制还很不完善,政府购买教育服务的监督主体权职不清,监督不力,缺乏专门机构对其服务质量和服务效果进行有效监管,没有形成独立的第三方评估机制,过程监督和绩效评估比较薄弱。

(四)政府购买教育服务的机制有待完善

向公众提供普惠的、公平的、优质的公共教育服务是政府履职的基本要求。政府将原本政府直接"生产"的公共教育服务事项以购买的方式委托社会组织来提供,如何保障社会组织提供的公共教育服务的效益与质量成为政府购买教育服务政策实施的成功与否、购买教育服务政策持续性如何的关键因素。调研发现,在试点探索政府购买教育服务的众多省市中,十余年的实践探索在购买教育服务的程序、内容、方式、评估等方面已初步形成了一定的制度保障,但总体而言,政府购买教育服务的机制仍有待完善。在当前乃至未来政府购买教育服务将成为政府转变教育职能、提升教育治理能力的重要抓手的大背景下,政府购买的教育服务内容将进一步扩大、方式也更加多样,迫切要求政府购买教育服务的相关机制能进一步加强与完善,以保障政府购买教育服务的效益与质量。

具体来说,政府购买教育服务的准入制度、过程监管机制、绩效评估机制仍不完善,需要在实践中进一步探索完善。不同类型的公共教育服务事项对社会组织的承接资质要求是不一样的。由于市场中社会组织的发育还不成熟,因此一些地区对承接主体缺乏明确规定,致使教育服务的质量难以从源头上加以保证。在过程监管方面,有的地区对于购买教育服务的过程监管较多,使社会组织除了常规的政府相关部门监管外,还要应对购买服务过程的专项监管。而常规监管部门与专项监管的内容与要求有交叉重合,致使社会组织在应对多部门监管方面花费许多精力。有的地区对于购买教育服务的过程监管机制还不完善,缺乏必要的监管措施和提供公共教育服务事项的绩效评估机制,难以实现购买教育服务的初衷是为了向公众更加高效地提供优质的公共教育服务。

第四章 创新我国政府购买教育服务机制的理论与政策思考

政府购买教育服务运行机制作为购买要素、购买结构顺利运行的内在机理和购买生存和发展的内在机能及其运行方式,是"赋有规律性并具有特定性的运行体系和运行模式"。从内在价值来看,它不仅是正确处理购买主体、承接主体、消费主体"三元主体"购买关系的重要"黏合剂",使购买教育服务活动得以协调、有序、高效运行,增强其内在活力和对外应变能力;它更是对政府购买教育服务价值中"购买什么、向谁购买、如何购买"的现实回答,以及政府在购买过程中资源和能力具体的动态过程体现。从发展意义来看,政府购买教育服务的运行机制是政府购买教育服务工作流程的基本结构,它反映了政府购买教育服务体系运行的基本要求,提出了所要解决的中心问题:通过何种运行模式使政府购买教育服务活动能够更加科学、合理运行,并构成一个完整、高效的购买系统。因此,合理、流畅的政府购买教育服务运行机制既科学地反映了政府购买教育服务的效力和运行规律,又是购买系统实现自我创新和发展不断循环的根本保障。它的建立是政社合作关系持续的保证,是促进政府改革,转变政府职能,构建教育公共治理体系的题中之义。

一、基本原则

(一)应以国家法律和中共中央、国务院的文件以及财政部的规章为依据,使这些规定精神在教育领域具体化。

当前政府购买教育服务的指导思想应以习近平新时代中国特色社会主义思想为指导,全面贯彻党的十九大精神,按照《中华人民共和国预算法》《中华人民共和国政府采购法》《中华人民共和国合同法》《政府购买服务管理办法》等法律法规的规定,进一步转变政府职能,推广和规范政府购买教育服务,发挥市场在教育资源配置中的决定性作用,努力建立起为广大人民群众提供优质高效的教育服务体系。

(二)从实际出发,准确把握社会对教育服务的需求

公众需要和公共利益是实现行政价值的关键因素所在。在当前我国服务型政府建设的过程中,公众的现实合理诉求是明确政府服务以及对政府进行绩效评估的根本依据,通过提高政府对公众诉求的回应性也是服务型政府的应有之义。

在教育服务提供的过程中,公众的服务诉求是政府对教育服务公众意愿进行评定并进行购买决策的判断依据。确立公众的教育服务需要,不仅是政府购买教育服务的逻辑起点,更是政府购买教育服务的动力之源。作为政府购买教育服务活动启动的刺激因子,公众的教育服务诉求将直接决定着政府购买教育服务活动的发展方向,同时也是清楚划分教育服务购买边界的一项重要根据,直接关系到政府就"是否应该购买"教育服务作出相关决策,从现实层面决定着政府购买教育服务的必要性。

(三)充分发挥政府的主导作用,有序引导社会力量参与教育服务供给

政府作为人类社会最基本的组织形式,在推动社会进步和发展中扮演着关键性的主体角色。在公共治理理论视域下,政府作为在公共治理活动中拥有"驾驭"能力的关键性主体,通过在体制框架内机动灵活地运用各类治理工具和制度性安排,以此来影响和协调参与治理活动的其他主体行为,通过积极发挥"领航者"的作用,来引导和改变目标群体的行为活动,以达到治理的预期目的。

对于政府购买教育服务来说,政府依然是教育服务生产和供给中的财政责任主体以及对购买活动进行宏观管理的责任主体。在购买教育服务的实践活动中,政府应始终肩负起维护公众利益的职责,在社会中建立教育服务

购买共识、聚焦购买热点、发动购买活动并营造良好的购买环境,推动购买活动的顺利进行。同时,政府应对成功的购买项目进行认真的总结和深入的挖掘,归纳出可借鉴推广的购买经验,使之系统化、理论化。对失效和失败的购买项目认真反思,寻找偏差和错误产生的根源,提出解决和应对之策。在未来的发展中,政府应全面提升自身能力,努力成为推动购买教育服务持续进步和成长的"中坚力量"。

(四)费随事转,把有限的资金用到人民群众最需要的地方

政府组织由公众创立,为公众服务,就需要对公众负责。政府用纳税人的钱为公众购买教育服务,需要承担公平、公正给付服务等传统的公法责任。

政府购买服务只是公共服务供给方式和财政资金使用方式的改进,不是新增一块财政资金,而是在既有财政预算中统筹安排。政府购买教育服务强调"费随事转"。所谓的"事",是指政府交由具备条件的社会组织和经济组织承担的一部分教育服务事项以及行政部门履职所需教育服务事项;所谓的"费",是指政府有关职能部门根据合同约定,要求具备条件的社会组织和经济组织完成以上工作所需要的各种工作经费。"费随事转"要求政府必须按照权利与义务、劳动与报酬对等的原则根据交办工作量的大小、难易程度、人员多少和时间长短确定经费标准,并由职能部门与社会组织签订委托协议书,将完成该项工作所需要的经费,及时划拨给相应的社会组织。社会组织同时应负担相应的职责,按照协议书要求完成协定的工作。

"费随事转",把有限的资金用到人民群众最需要的地方,改变了传统的"以钱养人""养人办事"财政拨款支出方式,体现结果导向的公共管理和财政支出理念,有利于转变政府职能、降低服务成本、提升服务质量水平,进而提高财政资金使用效益。

(五)坚持公开、公平、公正的原则,确保具备条件的社会力量平等参与竞争

在当前以市场和社会为主要参与主体的公共管理运行模式中,最为关键的就是必须通过相应的制度安排给予市场主体和社会主体应有的制度保障和激励,从而为市场和社会提供公共产品创造良好的制度框架和制度环境。因此,在教育服务购买中,政府的一项重要责任就是为服务承接主体提供制度化途径,通过制度的保障和激励,从法律和政策层面为服务承接主体的发展和规范创造良好的购买环境。

当前教育社会组织和政府之间的体制附庸和定向购买关系以及公办教育社会组织和民办教育社会组织之间的非公平竞争环境,都可能导致部分教育社会组织在教育服务购买活动中倦怠。对此,政府有责任通过激励的方式来刺激教育服务的市场活力,比如,政府通过教育服务产权界定,税收优惠和财政补贴等方式,为服务承接主体的成长和发展提供经济支持,引导和规范服务承接主体的发展,拓宽服务范围,激发它们不断探索创新服务方法和内容,从而不断提升教育服务的质量和水平。

(六)加强监督检查和绩效评估,建立优胜劣汰的动态调整机制,确保获得优质高效的教育服务

完善的监督机制是政府购买教育服务成功与否的关键,它不仅有利于提高行政效率、降低购买成本、提高政府的社会公信力,还有利于督促教育社会组织生产出质优价廉的教育服务,帮助政府能够成为一个"精明的买家"。

政府为人民服务的发展宗旨决定了自身必然是一个责任导向的政府,因此在教育服务供给中,为了防止政府责任缺失而带来的服务异化,政府应始终以为公民提供优质高效的教育服务为己任。为了保障教育服务的质量,维护服务受众的公共利益,政府应依据购买协议,担负起对服务承接主体生产教育服务进行全过程的监督,并对服务质量进行全面和严格绩效评估的责任,以保证服务承接主体能够按照合同约定正确履行购买意图。

二、前提与基础

教育是关乎人的事业。无论政府以何种方式提供公共教育服务,促进人的身心全面和谐发展都是提供公共教育服务的终极目的。伴随我国各省市对于购买教育服务的实践探索,进一步完善政府购买教育服务的相关机制,

以政策制度的完善与保障使政府购买教育服务实现其政策实践的初衷——提高公共教育服务的效率和质量。但无论是实施政府购买教育服务还是建立完善政府购买教育服务的机制,均有一个前提性问题。这一前提性问题决定了政府购买教育服务政策实践的方向与成败,即创新政府购买教育服务机制的前提与基础:第一,政府购买教育服务不是推卸政府的公共职能;第二,政府购买教育服务始终应是政府提供公共教育服务的辅助方式;第三,政府购买教育服务的过程应遵守教育的基本规律。

(一)政府购买教育服务不能推卸政府的公共教育职能

教育服务可分为公共教育服务、准公共教育服务和私人教育服务。公共教育服务是向社会公众提供的具有基础性、公益性、普惠性的教育服务,具有很强的非竞争性和非排他性。私人教育服务是为了满足个体差异化的、多样性的教育需求,为公众提供的具有可选择性的、个性化的、多元化的服务。在社会发展不同阶段,受各国经济社会发展状况与水平的影响,各国政府均优先满足社会公众的公共教育需求,并视社会经济发展水平的状况,扩大或缩减公共教育服务的内容与范围。而私人教育服务一般由个体付费,政府负责监管私人教育服务的供给市场。

政府可"购买"教育服务的前提在于所购买的教育服务是"公共教育服务"或"准公共教育服务",具有基础性、公益性和普惠性的特点,政府提供此类教育服务是政府的基本职能。因此,政府购买教育服务只是政府从公共教育服务的直接生产者转变为提供者,但提供公共教育服务或准公共教育服务始终是政府的基本责任。购买教育服务只是政府提供方式的改变,而没有改变提供的本质与目的。政府购买教育服务不能推卸政府的公共教育职能,意味着购买教育服务过程中关注公共教育服务提供效率的同时,必须关注教育公平;还意味着购买教育服务过程中须通过相关政策制度的设计来规避政府公共教育职能的缺失。

1. 购买教育服务过程中关注教育公平

从学前教育、基础教育、职业教育、高等教育,抑或成人教育、培训教育,由于不同学段提供教育服务产品的非排他性、非竞争性不同,因此义务教育阶段所提供的教育服务产品因其属于基本公共教育服务,而要求教育服务产品的购买要优先关注教育公平,而不是教育效率,比如,政府通过购买民办学校的入学位置来解决外来人员子女的入学问题。虽然购买民办学校的入学位置相比政府新办一所学校的成本更低、效率更高,但对于这一政策问题的解决,政府优先考虑的一定是外来人员子女接受义务教育的公平性、普惠性和政府部门的基本公共教育职能。国外政府购买教育服务的案例亦是如此,比如,英国公助学额计划通过政府补贴和资助的方式让那些家庭贫困却学习成绩良好的学生可入私立学校就读;美国的教育券计划中的一种类型就是资助家庭贫困的学生使其可凭借教育券进入私立学校就读。

2. 通过政策制度设计规避政府公共教育职能的缺失

公共选择理论认为,人的本质是"经济人",无论在经济领域,还是在政治领域,人的本质都是自私的。按照公共选择理论的逻辑,在政府购买教育服务的过程中,受人的自私自利本性的趋使,政府部门及其工作人员易出现教育责任的缺失或推诿现象。一些国家在购买教育服务政策的实施过程中,由于相关政策制度滞后于实践的发展,也出现了政府部门推诿或缺失基本教育责任的现象。政府可能单方面不履行或不适当履行义务,可能不按照规定的时间、程序、内容正常进行甚至终止服务合同的履行等;或政府在合同中提出各种特殊的限制条件等(见专栏)。(王丛虎,2015)[122]因此,在建立和完善政府购买教育服务相关机制的过程中,要通过政策制度的设计与完善来规避政府公共教育职能的缺失。通过完善且具有操作性的制度来规约购买主体与承接主体双方,明确购买主体与承接主体双方的权利和义务。通过清晰的合同不仅约束承接主体的权利义务,保障公共教育服务购买的质量和效益,同时也应以合同的强制性来规约政府部门的权利和义务,保障社会组织在提供教育服务方面的合法权益。

> **专栏　美国预防政府购买服务纠纷发生的具体措施**
>
> 在美国往往采用如下方式预防纠纷的发生:(1)在正式招标书发布前,向全社会发布意见征集书,请求承包商提前了解及提出自己的想法;(2)将招标计划书发布到互联网;(3)在对合同谈判过程评估结束后,在正式裁决前至少十天向所有相关人员发布"裁决说明";(4)在最终确定承包商之前听取成功中标的竞标商的报告;(5)与所有最终竞标者保持良好的沟通;(6)以最符合礼节的方式回应所有抗议;(7)无论什么时候都尽可能地同意抗议者,但是一定要回到你裁决他们没有中标的本质原因上;(8)确保不要向敌对关系转化。

(二)政府购买教育服务始终是政府提供公共教育服务的辅助方式

当政府购买教育服务成为我国政府转变教育职能的重要抓手时,我们必须清醒地认识到,政府购买教育服务作为一项在一定政策实践背景下运用的政策工具,其具有一定的政策限度,即政府购买教育服务不是万能的,只能解决特定的政策问题。政府购买教育服务的有效实施必须通过不断完善相关的政策制度,才能达到预期的政策实践效果。而无论何时,政府购买教育服务始终是政府提供公共教育服务的辅助方式,而不会成为政府提供公共教育服务的主要方式,这是由政府的本质所决定的。"政府是人们自愿通过协议联合组成的'共同体'""人们之所以联合成为国家并服从政府的统治,最重大、最主要的目的就是保护他们的财产"。(洛克,2007)政府为了保护社会公众的财产就必须拥有社会资源配置的决定权,必须具有专业权威性。在政府购买教育服务的过程中,政府只有具有购买教育服务的决策权和专业权威性,才能掌控购买教育服务的进程与节奏,才能通过政府权力的强制性和权威性,达到向公众提供更加高效、更加优质的公共教育服务的目的。

国外政府实施购买教育服务的实践也证明了这一点。在美国,政府的"固有职能"不能进行购买。美国联邦采购政策局1992年发布的第92号政策函认为,若某项职能与公共利益密切相关,以至于应当由政府公务人员执行的,即属于"政府固有职能";"政府固有职能"可分为统治行为(the act of governing)和货币交易及相应权利(monetary transactions and entitlements)两类,前者如司法、国防、资源管制等,后者如税收及分配,国库账目及货币供应调控等。(常江,2014)购买服务虽然在美国已广泛地运用于多个教育领域中,但从总量上来看,购买教育服务占政府提供公共教育服务的份额仍然很少。以美国的特许学校为例,特许学校大约有100万学生,但只占美国所有K-12学生的2%,而且主要集中在几个州内。(马健生,2008)

因此,在购买教育服务过程中,政府的核心教育职能不让渡。一是指政府要将调控、管理公民社会、市场领域的教育职能保留,以确保政府具有"掌舵"的权力和权威;二是指当公民社会和市场领域出现有损公共利益的行为时,政府可以"力挽狂澜"。正如奥斯本和盖布勒(2006)所言:"我们可以把个别的掌舵性职能加以私有化,但是不能把治理的全过程都私有化。如果这样做,我们就会失去做出集体共同决定的机制,就没有为市场制定规章条文的途径,就会失去强制执行行为规范的手段。我们就会丧失社会公平感和利他主义的精神,不管是为无家可归者提供住房还是为穷人提供健康医疗,任何不能赚钱盈利的社会服务都将不复存在。第三类部门的机构怎么也挑不起这整个担子。"

(三)政府购买教育服务应遵守教育的基本规律

教育服务有其特殊性和复杂性,这是有效、科学实施政府购买教育服务的基础。教育服务不同于市场中一般的物化商品。购买教育服务产品的过程不能等同于一般物化商品的购买过程和评估过程。教育服务产品的特殊性主要体现在三个方面:第一,教育服务产品的生产周期长,周期相对连续和封闭;比如,在购买学校管理服务的案例中,政府与社会组织的签约期一般为三年、四年或五年。原因在于:一般而言,小学阶段的一个教学周期为六年、初中为三年、高中为三年,因此一轮委托管理的周期基本与一个教学周期的时间是一致的。第二,最终教育服务产品的质量具有不确定性。教育是培养人的社会活动。教育的过程须遵循人身心发展的基本规律。对于委托管理而言,委托管理的绩效如何,不仅体现在学校可量化的学生成绩的提高、学校排名的进步。如果在委托管理的过程中,没有按照人的身心发展的基本规律进行教育教学的话,即使量化指标显示委托管理是成功和有效的,但从长远来看,没有真正促进学生身心和谐发展,其实是最大的而且是不可挽回的失败。加之,教育教学的过程与人的主观能动性、教育情境等多种因素相关,具有很大的不确定性。第三,教育服务产品具有体验品的特性。人们无法对教育服务的质量事先进行判断和评估,或者无法根据量化指标进行简单的评估,只有在事后的"体验"中得知。比如,学校所培养的人才质量如何,只有等学生毕业参加工作后,他的素质、技能在工作中才能逐步得以显现和进行评估。

政府购买教育服务的过程中,应遵循教育教学的基本规律和人身心发展的基本规律。国外教育行动区、特许学校等购买服务案例中,也曾出现过私立教育机构为了降低教育成本、追求教育利益而雇用了许多不具有教师资质的教师进行教育教学,最后使学生遭受无可挽回的损失。完善和创新政府购买教育服务机制的重点在于通过建立社会组织承接教育服务事项的准入机制,关注社会组织的专业资质,使那些具有专业资质和专业能力的社会组织参与到教育服务中来;在购买教育服务的监管过程中,不能仅仅停留于可量化的学校物质设施的采买、学校升学率的提高等指标和环节,应深入教育教学过程中,以是否有悖教育规律、是否有利于学生的健康可持续发展作为过程监管的出发点。

遵循教育教学的基本规律,要求政府在市场中选择社会组织时,既要注重公平、公开的竞争,又要注重与社会组织建立长期的合作伙伴关系,合同期限应较长。如果政府与社会组织之间签订期限较短的教育合同:第一,不符合教育发展的周期性较长,教育服务提供的效果验证周期性也较长的特点;第二,较短的合同期限,容易导致社会组织急功近利地追求外在的、显性的、短期的教育服务效果的表达,导致其不按教育的基本规律来办学;第三,对于正处于生长发展的中小学生而言,中途更换班主任、任课老师对学生的发展尚存在一定的影响。在提供教育服务的过程中，如果中途更换提供教育服务的社会组织，一方面政府的交易成本太高，另一方面对学校、学生乃至教师的发展都会造成不利的影响。

三、目标定位

休斯认为新公共管理的本质就在于要有明确的结果指向，并把这种结果融会贯通在公共组织的目标和责任当中。政府购买教育服务的目标是购买价值和购买任务之上的更加具体的指向。它根据政府购买教育服务的现状和发展需要，来清晰地描述政府购买教育服务的前进方向和理想状况，并帮助政府了解自身应该去做的事情。

政府购买教育服务的初衷是引入市场竞争机制，达到两个目标，即提高教育服务的质量和降低教育服务的供给成本。但就最终目的来说，它追求的更多的应该是包括政府购买教育服务自身价值、政府发展价值和教育价值三个层面公共价值的实现。

(一)政府购买教育服务自身价值

从政府购买教育服务本身的价值来看，通过对政府购买教育服务活动的不断探究，从而促使其自身得到更高层次和更大范围的提升和发展，这是政府购买教育服务的基本目标。第一，通过政府购买教育服务活动来推动与我国地方社会和经济发展相适应和相匹配的购买制度体系建设。第二，通过政府购买教育服务活动来创新购买技术手段和购买模式的运用。第三，通过政府购买教育服务活动来持续修正包括准入机制、招投标机制、监管机制、评估机制、退出机制等在内的购买运行机制。第四，通过政府购买教育服务活动来促使我国教育服务市场的不断成长和成熟以及公民社会的不断关注和参与，并在社会中形成一个高度认同的教育服务购买文化。第五，通过政府购买教育服务活动来识别和发现购买过程中的问题和风险所在，并能够探索出一套教育领域的政府购买风险防控策略。

(二)政府发展价值

从政府发展的价值来看，维护公平正义和公民合法权益是政府的首要价值目标,为共同体成员实现公共利益,这是政府购买教育服务的根本目标。政府购买教育服务涉及多个利益主体,如何在购买教育服务的过程中,通过提升政府的购买能力来平衡各主体之间关系,并妥善处理主体间的利益诉求,是实现政府发展价值必然要思考的问题,这也为我们明确了政府购买教育服务的目标取向。

首先,政府应该通过创新公共教育管理理念,积极转变教育职能,建构起一个多元参与的公共教育治理体系,从而使政府、服务承接主体和服务受众之间的关系能得到良性的发展,并形成一个政府有效管理、市场和公民社会普遍参与和监督的政府购买教育服务格局。

其次,政府通过不断提升自身的购买能力和购买技术,积极探索出政府购买教育服务的有效管理模式,进而推动政府购买工作的不断发展;再次,通过政府购买的方式来为公众提供教育服务,不仅要尽可能地去提高政府教育服务的供给效率,而且要全面提升教育服务的供给水平,最大限度地满足公众的教育服务需要,为缓和多元教育服务和优质教育服务之间的供需矛盾提供有效的解决路径。

最后,政府应发挥关键的购买参与主体的作用,通过机制和制度的建设,营造出一个平等、公平、和谐的各类主体参与购买活动的环境氛围。

(三)教育价值

作为实现教育价值的一个手段,政府购买教育服务的最终目标是通过对教育资源的均衡配置,实现优质教育资源向资源禀赋不足的弱势群体和特殊群体倾向流动,保障人人都能享有接受良好教育的权利和机会,进而逐步缩小城乡之间、校际间、群体间的教育差距,实现教育服务资源配置的均衡化,形成惠及全民的公平、公正的教育,并用公平的和优质的教育服务来发展人,最终实现人的价值。

第五章 创新建立我国政府购买教育服务的运行机制

运行机制是指在人类社会有规律的运动中,影响这种运动的各因素的机构、功能及其相互关系,以及这些因素产生影响、发挥功能的作用过程和作用原理及其运行方式;是引导和制约决策,并与人、财、物相关的各项活动的基本准则及相应制度;是决定社会行为和组织行为的内外因素及相互关系的总称。(魏中龙,2014)

建立科学合理的政府购买服务运行机制,是推进政府购买服务实践与发展,促进政府购买服务活动协调、有序、高效运行,增强政府购买服务内在活力和对外应变能力,提升政府购买服务质量和效益的有效途径。

政府购买教育服务这项工作刚起步不久,基础还十分薄弱。观念需要转变,政策需要完善,机制需要健全,机构需要扶持,监管需要加强。目前,由教育部、财政部、民政部出台《政府购买教育服务的指导意见》是当前的一项紧迫任务。

从对有关部委目前出台的行业购买服务的指导意见的研究情况看,有的部委出台的是行业较为全面的指导意见,如财政部、交通运输部出台了《关于推进交通运输领域政府购买服务的指导意见》(财建〔2016〕34号),文化部、财政部、新闻出版广电总局、体育总局出台了《关于做好政府向社会力量购买公共文化服务工作的意见》(国发办〔2015〕37号),民政部、财政部出台了《关于政府购买社会工作服务的指导意见》(民发〔2012〕196号);有的部委出台的是购买某个项目的指导意见,如财政部、发改委、民政部、全国老龄办出台了《关于做好政府购买养老服务工作的通知》(财社〔2014〕105号),财政部、民政部出台了《关于做好政府购买残疾人服务试点工作的意见》(财社〔2014〕13号)。

根据目前政府购买教育服务的形势要求和现有工作基础,本书认为教育部、财政部、民政部需出台内容较为全面的《政府购买教育服务的指导意见》。

一、购买主体和承接主体

(一)购买主体

1. 购买主体的界定

关于教育服务应"由谁买",根据国办指导意见,本书认为应该是:"政府向社会力量购买教育服务的主体是各级行政机关和参照公务员法管理、具有行政管理职能的事业单位。"这里的核心是购买主体具有行政管理职能,且经费由财政负担。"各级行政机关",可以是教育行政机关,也可以是其他行政机关对教育服务项目的购买。

在教育领域,还有些学会、协会等社会群团组织,它们虽不具有行政管理职能,但有些具有行政编制,且经费由财政负担。对此,根据国办指导意见,也应将其规定为购买主体。这些组织可根据实际需要,通过购买方式提供教育服务。

2. 购买主体选择承接主体的原则

为了保证购买主体能够公开、公平、公正地选择承接主体,应当对购买主体规定相应的工作原则。

(1)在公平竞争的原则下鼓励行业协会商会参与承接政府购买教育服务,推动行业协会商会与行政机构脱钩;培育发展社会组织,提升社会组织承担教育服务的能力。

(2)购买主体应当保障各类承接主体平等竞争,不得以不合理的条件对承接主体实行差别化歧视。

(3)政府购买教育服务适用《中华人民共和国合同法》;购买主体和承接主体之间的权利和义务,应当按照平等、自愿的原则以合同方式约定。

(4)政府采购监督管理部门不得设置集中采购机构,不得参与政府采购项目的采购活动;采购代理机构与行政机关不得存在隶属关系或者其他利益关系。

(二)承接主体

1. 承接主体的界定

关于政府购买教育服务"向谁买",根据国办指导意见,本书认为应该是:"承接主体包括依法在民政部门登记成立或经国务院批准免予登记的社会组织,以及依法在工商管理或行业主管部门登记成立的企业、机构等社会力量。"

在调研过程中,有的同志建议,政府购买教育服务的承接主体,在有公办和民办两类主体的情况下,应优先购买民办学校和民办社会团体的服务;有的同志建议,在承接主体有混合所有制和单一所有制两类主体的情况下,应优先购买混合所有制主体的教育服务。本书认为,《政府购买教育服务的指导意见》不应作这种限制,因为承接主体的权利是平等的,在市场竞争中决定优胜劣汰,以实现政府购买效益最大化和质量最优化。购买主体应当一视同仁地对待承接主体,谁能最大限度地满足购买主体的要求,就应当向谁购买,既不能歧视民办机构,也不能歧视公办机构。在实际操作中,某些地区在一定时期为了扶持民办机构的发展,在公办、民办机构同等条件下,在决策中也可优先考虑民办机构。

2. 承接主体应具备的条件

为了保证购买服务的质量,本书认为,购买主体在选择承接主体时,应考察其资质。承接主体应具备的条件如下:

(1)具有独立承担民事责任的能力;

(2)具备提供教育服务所必需的设施、人员和专业技术的能力;

(3)具有健全的内部治理结构、财务会计和资产管理制度;

(4)具有良好的社会和商业信誉;

(5)具有依法缴纳税收和社会保险的良好记录,并符合登记管理部门依法认定的其他条件。

由于在购买程序中,不是由购买主体(如教育部门)向社会公布购买目录并进行招标,而是由财政部门公布目录并招标,所以承接主体应具备什么样的条件,本书认为由购买主体会同财政部门根据购买教育服务项目的性质和质量要求确定。

3. 政府购买教育服务与事业单位改革

在政府购买教育服务中,事业单位为适应政府职能变化的要求,应当进行相应的改革。根据国办指导意见,事业单位也可作为政府购买教育服务的承接主体。在传统意义上,事业单位隶属于政府,由财政经费供养,具有政府核定的人员事业编制,承担着政府下达的任务。但当前在推进政府购买教育服务的进程中,事业单位也有面向市场竞争的问题。党的十八届三中全会、五中全会在提出"加大政府购买公共服务力度"的要求时,也提出了加快社会事业改革。2011年,中共中央、国务院《关于分类推进事业单位改革的指导意见》指出,按照政事分开、事企分开和管办分离的要求,以促进公益事业发展为目的,在清理规范基础上,按照社会功能将现有事业单位划分为承担行政职能、从事生产经营活动和从事公益服务三个类别。对承担行政职能的,逐步将其行政职能划归行政机构或转为行政机构;对从事生产经营活动的,逐步将其转为企业;对从事公益服务的,继续将其保留在事业单位序列、强化其公益属性。根据职责任务、服务对象和资源配置方式等情况,将从事公益服务的事业单位细分为两类:承担义务教育、基础性科研、公共文化、公共卫生及基层的基本医疗服务等基本公益服务,不能或不宜由市场配置资源的,划入公益一类;承担高等教育、非营利医疗等公益服务,可部分由市场配置资源的,划入公益二类。

根据这一要求,本书认为起草《政府购买教育服务的指导意见》时,应当考虑规定以下原则。

(1)政府购买教育服务,坚持与事业单位改革相衔接,放宽市场准入;

(2)政府购买教育服务,应当与事业单位改革相结合,推动事业单位与主管部门理顺关系和去行政化,推进有条件的事业单位转为企业或社会组织;

(3)事业单位承接政府购买服务的,应按照"费随事转"原则,相应调整财政预算保障方式,防止出现既通过财政拨款养人办事,又花钱购买服务的行为。

课题组在调研时,有的同志提出,在政府每年下达给事业单位的经费中,怎么区分事业费和购买教育服务经费。本书认为,以公办高校为例,按在编教师和在册学生人头拨付,要求完成年招生培养计划的经费是年事业费;按专项经费拨付的,要求完成特定任务的,如国培教师计划、教育科研项目、教育社会调查,则应作为政府购买教育服务。事业单位可以承接有隶属关系政府部门的购买教育服务,也可承接无隶属关系政府部门的购买教育服务。

二、购买内容和指导性目录

本书认为为了确定政府"买什么",先要明确购买内容和指导性目录。

(一)购买内容

1. 政府购买教育服务的基本原则

在全球范围内,服务分为公共服务和非公共服务,公共服务又分为基本公共服务和非基本公共服务。教育作为基本公共服务领域,以政府直接提供为主,逐步加大政府向社会力量购买服务的力度;非基本公共服务领域,要更多更好地发挥社会力量的作用,凡适合社会力量承担的,都可以通过委托、承包、采购等方式交给社会力量承担。政府新增或临时性、阶段性的服务事项,适合社会力量承担的,也可以按照政府购买服务的方式进行。

在我国,政府提供的教育服务事项,以及政府履职所需服务事项,要明确区分为必须购买的、可以购买的、绝不能购买的。由于教育服务的对象不同,政府购买教育服务应区分为向政府提供和向社会提供两种情况:前者是政府内部事务处理,因人手不够,为避免机构冗余,向社会力量购买服务,即为政府自身购买服务;后者是政府有职责向社会大众提供某种服务的,自身不提供而是购买社会组织的服务提供给社会大众。购买教育服务应抓住教育中的短板。

关于政府购买教育服务的基本原则,本书认为:"政府职责范围内的,且提供效率不高、效益不好的,或其受财力、物力、精力等限制而无力解决或顾及的,适合采取市场化方式提供、社会力量能够承担的教育服务,应当购买。"

2. 政府职责和负面清单

对于属于政府职责,应当由政府直接提供、不适合社会力量承担的教育服务,以及不属于政府职责范围内的教育服务项目,则应列出负面清单,政府不得向社会力量购买。例如,制订教育方针、法规、政策,制订教育规划,统筹、管理、监测教育经费,审核学校设置、更名、撤销与调整,学籍、学位的管理,学校思想政治教育工作等。除了负面清单以外,其他内容原则上也可以购买。

(二)指导性目录

鉴于购买教育服务还属于一个新事物,本书认为,在调查研究的基础上,应该明确哪些教育项目是政府可以购买的,应列出购买指导性目录和清单。根据我国各地的实践经验,认为下列服务应当纳入政府购买教育服务指导性目录。参考目录见表5-1,建议目录见表5-2。

1. 教育基本公共服务

义务教育免费、农村义务教育学生营养改善、寄宿生生活补助、普惠性学前教育资助、中职国家助学金、中职免学费、产教融合、普通高中助学金、家庭经济困难普通高中学生免学费、特殊教育、农民工教育、退伍军人就业培训等,政府难以直接提供服务、适宜由社会力量承担的服务事项。

2. 教育管理性服务

学校、幼儿园和少年儿童校外活动场所的建设与管理服务、教育扶贫济困、流动儿童和农村留守儿童管理帮教、教育法律援助、教育志愿服务运营管理、公共公益宣传等领域适宜由社会力量承担的服务事项。

3. 教育行业管理与协调性服务

教师资格和水平测试管理、教育行业规范、教育投诉等领域适宜由社会力量承担的服务事项。

4. 教育技术性服务

教育科研和技术推广、教育规划、教育调查、教育统计分析、教育检验检测、教育监测服务、会计审计服务等领域适宜由社会力量承担的服务事项。

5. 政府履行教育职责所需辅助性事项

教育法律服务、课题研究、政策调研草拟论证、战略和政策研究、综合性规划编制、标准评价指标制定、教学计划大纲和教材的编写、优质在线课程、社会调查、会议活动和展览服务、监督检查、评估、绩效评价、工程服务、项目评审、财务审计、咨询、技术业务培训、信息化建设与管理、后勤管理等领域中适宜由社会力量承担的服务事项。

6. 其他适宜由社会力量承担的服务事项

"各级财政部门负责制定本级政府购买教育服务指导性目录,确定政府购买服务的种类、性质和内容。""财政部门制定政府购买教育服务指导性目录时,应当充分征求教育等相关部门的意见,并根据经济社会发展变化、政府职能转变及公众需求等情况及时进行动态调整。""在试点阶段,一般应当先购买边缘项目再向核心项目过渡。""购买主体应当加强服务项目标准体系建设,科学设定服务需求和目标要求,建立服务项目定价体系和质量标准体系,合理编制规范性服务标准文本。"

表 5-1　政府购买教育服务参考目录(汇总)

种类	性质	内容
学前教育服务	基本教育服务	学额学位
	教育管理性服务	校园安保
		校车接送等
	教学辅助性服务	幼儿活动站
		游戏小组
		巡回辅导站等

续表

种类	性质	内容
基础教育服务	基本教育服务	学额学位
	教育管理性服务	公共教育基础设施管理与维护
		委托管理
		校园安保
		校车接送
		后勤管理服务
		青少年校外活动场所运行维护；校外实验、实习、实训场地的租赁、建设与使用维护等
	教育评估性服务	教育评估
		监督检查
		项目评审等
	教学辅助性服务	优质在线课程
		优质教材
		放学后教育
		课外体育、艺术类课程及活动
		校外活动课程等
	教育技术性服务	公共教育成果交流推广（教学成果与教育科研成果的推广与应用）等
高中教育服务	教育技术性服务	教育教学改革研究
	教育评估性服务	教学督导与评估等
职业教育服务	教育技术性服务	产教融合项目等
高等教育服务	教育管理性服务	校园安保
		后勤管理
	教育评估性服务	高校教育质量评估
	教学辅助性服务	高校教材等
	教育技术性服务	科研和技术推广
		教育调查
		统计分析
		技术检测监测服务
		会计审计服务等

续表

种类	性质	内容
成人教育服务	基本教育服务	职工、农民工教育服务、扫盲班等
		广播电视大学、职工高等学校、农民高等学校、函授学院
	教育培训服务	夜大、成人脱产班、进修班
	教学辅助性服务	老年人教育课程、教材等
特殊教育服务	基本公共服务	残疾人教育项目
		智力障碍儿童、少年教育项目
其他教育服务	教育研究服务	公共教育规划研究与咨询、政策研究服务（含公共教育信息收集、整理与统计分析）
		高校党建咨政研究中心等
	人员培训辅导服务	党校、行政学院教育培训服务
		企业职工培训服务
		中小学课外辅导培训服务（美术班、舞蹈班、书法班、音乐班等）
	师资培训服务	中小学教师培训与进修
		高校教师进修
		名师名校长培训
		职教师资培训
		就业指导教师培训等
	教育信息化服务	信息化平台运行与管理
		云计算信息服务
		就业市场信息服务等
	专业技能培训服务	外语、计算机及网络、汽车驾驶、飞行驾驶、农业使用技术、武术、缝纫、烹调、美容美发、艺术和其他培训服务

注：根据中国政府采购网——"服务采购之教育服务"，财政部、民政部、国家工商总局《政府购买服务管理办法（暂行）》以及各省市政府购买教育服务指导目录、试点项目汇总整理而成。

表 5-2 政府购买教育服务建议目录

序号	内　容
1	公共教育规划研究与咨询、政策研究服务（含公共教育信息收集、整理与统计分析）
2	非公办普惠性学前教育服务（含学前教育阶段"幼儿园园方责任保险"）
3	公共教育基础设施管理与维护（含教育信息化服务平台的建设、开发、管理与维护）
4	公共教育成果质量评估（含公共教育的监督检查、质量评估、绩效评价及项目评审）
5	公共教育成果交流推广（含教学成果与教育科研成果的推广与应用）
6	省级以上教育竞赛、会展服务等会务活动的组织和实施工作
7	非公办义务教育（含"学位购买"和"委托教育"服务）
8	委托教育教学等教育管理性服务（含校园安保、校车接送、后勤管理服务等）
9	青少年校外活动场所运行维护（含校外实验、实习、实训场地的租赁、建设与使用维护）
10	政府委托的其他教育服务（含对落实教职工参加社会保险有关政策的社会力量办学单位给予的奖励性补助）

三、购买方式和程序

(一)购买方式和程序的一般性规定

关于政府"如何买"的问题，本书认为，政府购买教育服务的方式和程序总的原则是："根据购买内容的供求特点、市场发育程度等因素，按照方式灵活、程序简便、公开透明、竞争有序、结果评价的原则组织。"

课题组对于购买服务应当采取的方式和程序的具体建议是：

(1)对政府购买教育服务的具体项目应进行必要性和可行性研究，按照一定的程序确定购买服务的内容及相应预算；

(2)在预算下达后，根据政府采购管理要求编制政府采购实施计划，报同级政府采购监管部门备案；

(3)向社会公布政府购买项目、规模、价格、对承接主体的资质要求和应提交的相关材料、服务质量要求及各项服务指标等；

(4)对承接主体候选对象进行资质认定,并采取购买、委托、教育券、租赁、特许经营、战略合作等形式,采用公开招标、邀请招标、竞争性谈判、单一来源、询价等方式来确定承接主体;

(5)政府与承接主体之间通过签订合同确立平等的购买关系,合同设计应当明确购买服务的内容、期限、数量、质量、价格等要求,以及资金结算方式、双方的权利义务事项和违约责任等内容,严禁承接主体的转包行为;

(6)实施相应的过程管理和监督,及时了解掌握购买项目实施进度,严格按照国库集中支付管理有关规定和合同执行进度支付款项,并根据实际需求和合同规定积极帮助承接主体做好与相关政府部门、服务对象的沟通、协调;

(7)承接主体完成合同约定的服务事项后,购买主体应当及时组织对履约情况进行检查验收,按照绩效考核评价结果进行结算。

对于较小的购买项目,或者时效性很强的创新性高精尖项目,为了提高工作时效,可以简化购买方式和程序。

(二)对于战略合作形式的特别规定

党的十八届五中全会指出:"创新公共服务提供方式,能由政府购买服务提供的,政府不再直接承办;能由政府和社会资本合作提供的,广泛吸引社会资本参与。"这里所说的"政府和社会资本合作"形式即是战略合作,其实质是政府购买服务。提倡这一形式的重要意义在于要求从以往单一年度的预算收支管理,逐步转向强化中长期财政规划政府和社会资本合作模式,有利于充分发挥市场机制作用,提升公共服务的供给质量和效率,实现公共利益最大化。

为此,本书认为起草《政府购买教育服务的指导意见》时,应予以特别规定:"政府采取竞争性方式择优选择具有投资、运营管理能力的社会资本,双方按照平等协商原则订立合同,明确责权利关系,由社会资本提供公共服务,政府依据公共服务绩效评价结果向社会资本支付相应对价,保证社会资本获得合理收益。"

(三)对于招投标方式的特别规定

根据国内外经验,为了节约政府财政投入,提高购买教育服务的质量和效益,防止政府在购买中的行贿受贿和不正当竞争行为,创造公平竞争的市场环境,招投标应作为购买教育服务的主要方式。尤其是购买大型服务项目,必须采取招投标的方式。如果参与竞标单位较少,有些单位资质不够或资金较少,则不一定采取招投标方式,避免浪费而低效。

因此,本书认为,在起草《政府购买教育服务的指导意见》时,应当特别规定建立起政府购买教育服务招投标机制的基本原则:"教育服务的购买应根据具体项目类别选择合适的购买方式确定承接主体;竞标时应根据购买项目类别,资金,效率,竞标方数量、资质、资格等多方面因素选择中标方;政府购买教育服务在招标方式的选择上,可以自行招标也可以委托招标代理机构;招标必须坚持信息公开的原则,对参与投标的各类机构进行资格审查和专业审查。"

四、经费预算与财务管理

(一)预算安排

政府购买教育服务,必须有财政预算作保证,使其"有钱买"。课题组在调研中了解到,现行财政拨款制度与政府购买教育服务的不匹配是亟待解决的重要问题。主要表现在以下两点:

第一,尚未设立政府购买教育服务专项资金账户,尚未形成与之配套的拨款机制,财政拨款渠道不通畅影响了购买教育服务的积极性。例如,在现实中将某个教育项目委托给承接主体后,资金不能拨付。公立学校的财政经费进入学校后难以合理有效分配使用。例如,政府向公立学校购买教育服务,财政经费进入公立学校是按照科研经费管理的,实际使用和支出存在障碍,专家和学生的劳务费得不到补偿。

第二,民办学校缺少财政经费支持。有同志认为,公共财政不是公办财政,它涉及整个教育领域,不能只拨款给公办机构,民办机构同样需得到公共财政的扶持。

政府购买教育服务是通过政府财政支付全部或部分费用的契约化的购买行为,必须得到财政保障才能顺利实现。政府购买教育服务依赖于政府不断增加公共服务财政投入,提高公共财政的投入效率,以期产生最好的效益。为了保证政府购买教育服务的资金,应当建立严格的财政预算和财务管理制度。

预算安排和财务管理总的原则为:"妥善安排购买服务所需资金,健全购买服务预算管理体系,强化购买服务预算执行监控,推进购买服务预算信息公开,实施购买服务预算绩效评价,严格购买服务资金监督检查。"

预算安排的具体原则为:"根据现行财政预算有关规定,政府购买服务所需资金在既有财政预算安排中统筹考虑。随着政府提供公共服务的发展所需增加的资金,应按照预算管理要求列入财政预算。""购买主体应当在现有财政资金安排的基础上,按规定逐步增加政府购买服务资金比例。对预算已安排资金且明确通过购买方式提供的服务项目,按相关规定执行;对预算已安排资金但尚未明确通过购买方式提供的服务项目,可以根据实际情况转为通过政府购买服务方式实施。"

(二)定价原则

教育服务与其他服务相比,是一种"软服务"。教育服务更多地涉及培养人、服务人、管理人的问题。教育服务具有非量化的特征,人们对教育服务的质量有时难以作出事先的判断和评价,难以通过精确的数理统计来简单衡量教育服务的优劣。因此对教育服务绩效的评估往往具有滞后性,使得教育服务比其他服务和产品难以进行准确的价格估算和定价。

对于教育服务价格的估算要有一个基本原则。这既要符合市场的运作规律,又要符合教育发展的规律。在确定教育服务价格时,既要考虑到成本,又要考虑到市场的供求关系。在市场经济条件下,商品和服务的价格是由市场中的供求双方共同确定的;政府购买教育服务的价格也是由教育服务供给价格和教育服务需求价格共同组成的。教育服务的供给价格是由教育服务的提供者计算包括教育生产者的报酬、购买教育生产资料的成本、教育机会成本和适当的利润构成的;教育服务中的需求价格估算要考虑到教育事业本身的发展规律,教育的连续性和持久性,也就是要考虑到教育服务的"转换成本";对教育服务的购买不是一次性的、短期的市场行为,很难在中途更换服务提供者。

政府购买教育服务的定价是一个很复杂的问题,各类项目和各地区的情况又各不相同。为了在定价中有个基本原则,可规定为:"购买主体充分发挥教育主管部门、教育行业组织、专业咨询评估机构、专家等专业优势,结合项目特点和相关经费预算,综合物价、工资、税费等因素,对政府购买教育服务项目合理定价,合理测算安排政府所需支出。"

(三)预算审批程序

为了保证资金足额并按时拨付,财政部门要根据政府购买教育服务的总体流程,确定政府购买教育服务的预算管理方式和资金安排办法;要按照区域发展的重点和需要,不断加大财政资金投入力度,优化资金核定方式,简化资金拨付流程,保证资金足额,按时拨付。为此,本书认为预算审批流程如下:

第一,财政部门在布置年度预算编制工作时,应当对购买教育服务相关预算安排提出明确要求,在预算报表中制订专门的购买服务项目表。

第二,购买主体应当按要求填报购买教育服务项目表,并将列入集中采购目录或采购限额标准以上的政府购买服务项目同时反映在政府采购预算中,与部门预算一并报送财政部门审核。

第三,财政部门负责政府购买教育服务管理的机构对购买主体填报的政府购买服务项目表进行审核,财政部门审核后的购买服务项目表,随部门预算批复一并下达给相关购买主体。

第四,购买主体应当按照财政部门下达的购买教育服务项目表,组织实施购买服务工作。

(四)监督审计机制

为了建立起有效的财政监管体系,财政、审计等部门要加大对教育服务购买资金安排、管理、支付、使用、效益等方面的检查力度,保证专款专用,提高资金使用效益,确保财政资金公开、透明、规范、高效运行。本书认为规定承接主体对资金的管理职责有以下几点。

第一,承接主体应当建立政府购买服务台账,记录相关文件、工作计划方案、项目和资金批复、项目进展和资金支付、工作汇报总结、重大活动和其他有关资料信息,接受和配合相关部门对资金使用情况进行监督检查及绩效评价。

第二,承接主体应当建立健全财务制度,严格遵守相关财政财务规定,对购买服务的项目资金进行规范的财务管理和会计核算,加强自身监督,确保资金规范管理和使用。

第三,承接主体应当建立健全财务报告制度,按要求向购买主体提供资金的使用情况、项目执行情况、成果总结等材料。

对于承接主体违反资金管理规定,不能保证资金有效使用的,应规定相应的处罚:"财政、审计等有关部门应当加强对政府购买服务资金的监督、审计,确保政府购买服务资金规范管理和合理使用。""对截留、挪用和滞留资金以及其他违反本意见规定的行为,依照《中华人民共和国政府采购法》《财政违法行为处罚处分条例》等国家有关规定追究法律责任;涉嫌犯罪的,依法移交司法机关处理。"

五、风险防范与过程监管

(一)风险预测

在政府购买教育服务过程中,由于会受到地方政策价值取向、思想观念、领导风格和主观判断、相关体制机制健全度、社会组织的资质、购买主体与承接主体之间的信息不对称、教育服务产品的特殊性、购买教育服务相关政策的不完备等多方面因素影响,可能出现以下风险:①可能导致直接成本降低而间接成本增大;②可能产生政府管控弱化、推卸责任或不作为的倾向;③可能因为效率、成本等方面的要求和压力而违背教育的基本规律;④可能因为教育市场发育不完善或者出于培育社会组织的考虑,降低对教育服务质量和效益的要求;⑤可能出现寻租、暗箱操作、双重管理等行为;⑥可能出现相关合同设计风险;⑦可能出现政策间断风险等。

(二)防范与控制

防范与控制政府购买教育服务风险的关键在于不断完善政府购买教育服务的政策制度,以制度规约政府购买教育服务的全过程。应主要作出以下规定:

第一,明确购买不同类型教育服务承接主体的准入标准与专业资质,建立该类型教育服务领域的网上平台与数据库,每年定期发布承接主体的资质资料、诚信记录与服务质量等,接受社会的监督;

第二,财政部门应当会同相关部门、购买主体建立承接主体承接政府购买服务行为信用记录,对弄虚作假、冒领财政资金以及有其他违法违规行为的承接主体,依法给予行政处罚,并列入政府购买服务黑名单;

第三,引入第三方共同组成的协同监督组织,实施前评估、中评估与后评估,实行购买教育服务经费与评估相关联、评估后分期付费、事后终身追责。

六、绩效评价和项目验收

政府购买服务作为政府职能转变的一种重要手段,主要是将过去由政府承担的社会公共服务工作转变为由各类社会组织承担的政府购买服务项目。而政府购买服务效率就是政府购买服务活动的投入产出比。(魏中龙 等,2014)政府购买服务效率分为可量化的和不可量化的两种。可量化的政府购买服务效率由服务效率指标测量,如服务的数量、质量、覆盖范围、政府购买服务受众的满意度等。不可量化的政府购买服务效率则可以通过一些主观判断或认知来测量,如政府购买服务活动中各方面的合作状况与管理水平等。

政府购买服务效率评估(或称绩效评估)是一种正式的项目活动评估制度,也是政府购买服务开发与管理中一项重要的基础性工作,旨在通过科学的方法、原理来评定和测量政府购买服务的工作行为和工作效果。政府购买服务效率评估是政府购买服务的多元主体之间的一项管理沟通活动,其结果可以直接影响政府购买服务项目的调整、控制和经费投入。(魏中龙 等,2014)

(一)绩效评价的意义

1. 降低政府购买教育服务的成本

政府购买教育服务的资金来源于公共财政,是纳税人的钱,政府只是财政资金的管理者和使用者,他的支出活动要对纳税人负责。因而,政府应以最少的财政资金支出获得最大的收益,为纳税人提供最多、最好的公共服务。

首先,政府购买教育服务效率评估要求政府必须制定合理、合法的开支预算,按照既定的标准和程序执行购买教育服务工作。这为社会公众监督政府购买服务提供了参考标准,有效约束了政府购买服务的随意行为,降低了政府购买公共服务的运行成本。

其次,政府购买教育服务效率评估要求寻找最有效率的公共服务供给机构来提供社会公共服务,并对公共服务供给机构提供公共服务的费用进行监督,进而有效降低公共服务供给机构的运行成本。

2. 提高政府购买教育服务的效率

首先,政府购买教育服务效率评估为政府购买服务竞争机制的形成提供了保障。政府购买服务将市场竞争机制引入公共服务领域,通过公开招标和自由竞争来选择最有效率的公共服务供给机构。

其次,政府购买服务效率评估保证了社会公共服务供给的有效执行。在评估过程中,需要对政府购买服务的供给机构提供公共服务的过程和方法进行监督,及时发现和纠正政府购买服务项目实施过程中出现的各种问题,保证政府购买服务活动的顺利进行。

最后,政府购买服务效率评估保证了社会公共服务目标的实现。对政府购买服务效率进行最终评价,需要将政府购买服务的预期目标与公共服务供给机构的服务结果进行对比,对实现目标的公共服务供给机构进行激励,而对未实现目标的公共服务供给机构给予处罚并提出改进意见。

3. 实现政府购买教育服务的预期效果

首先，政府购买服务效率评估可以保证社会公众获得更好的公共服务。政府购买服务效率评估首先需要考虑社会公众的需要，合理制订政府购买服务项目的内容和目标；而在政府购买服务项目的评估过程中，又通过过程监督以保证政府购买服务的高效快捷。

其次，政府购买服务效率评估可以推动政府职能的转变。政府行为的评估标准和指标选择直接反映了政府行为的目标和社会公共利益的分配模式，对政府的行为具有显著的导向和监督功能。

最后，政府购买服务效率评估有利于提升政府在社会公众心目中的形象。一方面，通过政府购买服务项目的评估可以更好地满足社会公众对公共服务的需求；另一方面，通过政府购买服务效率评估能够发现政府购买服务存在的问题和不足，有利于推动社会公众对政府的监督，赢得公众的理解和支持。

（二）绩效评价的原则

公共财政购买教育服务效率评估是一个带有价值导向性的综合管理过程，是政府根据社会公众的服务需求设定目标和评估指标体系，对政府购买教育服务项目的执行过程、结果及社会影响进行综合评估并提出改进建议的一系列过程。教育服务是一种特殊的服务，事关人的生存和发展，备受社会公众的关注。公共财政购买教育服务效率评估应该遵循以下原则。

1. 系统科学原则

在政府购买服务效率评估的指标体系和方法选择的过程中，需要遵循的第一个原则就是系统科学的原则，即通过科学的方法和程序对整个政府购买服务项目进行系统、全面和客观的评价，具体原则包括以下几个方面。

第一，系统性原则。政府购买服务效率评估是一项非常复杂的系统工作，因此，在实际的评估过程中，需要设计和选择能够系统反映政府购买服务项目的评估指标和评估程序。首先，在评估指标选择上，需要结合政府购买服务项目的自身特点，具体设计一整套能够系统反映政府购买服务项目过程的评价指标体系。其次，在评估程序设计上，需要系统考虑政府购买服务项目的目标设定、过程评估和结果评估的相互关系,并系统设计各阶段工作的彼此衔接。

第二,全面性原则。在政府购买服务的过程中,存在着政府部门、服务供给机构和社会公众等不同参与者,需要投入大量的人力、物力、财力等。因此,政府购买服务效率评估,就需要遵循全面性的原则,准确反映政府购买服务所有参与者的意见和态度,全面反映各种资源的投入和使用效率。

第三,客观性原则。政府购买服务效率评估应当尊重客观实际,避免主观随意。在评估的方法和指标选择上,需要根据客观实际情况选择能够有效获取相关信息的评估方法和指标;同时,在评估过程中,要对政府购买服务项目进行客观的评价,如实地反映政府购买服务项目的运行过程和最终结果。

第四,科学性原则。要保证政府购买服务效率评估的系统性、全面性和客观性,就必须遵循科学的理论和方法。一方面,从科学的理论出发,明确政府购买服务的本质特点和全部过程,进而设计系统、全面的评估指标;另一方面,利用科学的资料收集和处理方法,明确各个评估指标的具体数值和相关权重。

2. 过程评估与结果评估相结合原则

政府购买服务效率评估,不仅需要对购买服务的过程进行监控,还要对购买服务的最终结果进行评价。过程评估是对政府购买服务的行为监督,监督的目的是发现问题和解决问题,保证服务提供的数量和质量。科学、合理的政府购买服务效率评估要求对政府购买服务的全过程进行资料收集、加工和分析处理,全面、系统、客观、准确地反映政府购买服务的真实情况。将政府购买服务的过程监督与政府购买服务的结果评估结合起来,从而有效地控制政府购买服务的全过程,并在第一时间发现政府购买服务活动中存在的问题,进而保证政府购买服务最终结果的实现。

3. 定性评估与定量评估相结合原则

政府购买服务效率评估既有定性的评估指标,也有定量的评估指标。定性指标主要通过各个评估主体对政府购买服务项目的状况进行评定和判断,能够综合反映政府购买服务项目的本质和总体情况,而且容易获取相关的指标信息,但具有很强的主观性。定量指标则是通过一些实地的测量和调查,获取政府购买服务项目的相关数据,具有较强的客观性,但缺乏综合性,同时一些定量指标数据也很难获得。

在实际的政府购买服务效率评估过程中,更多的是采取定性评估和定量评估相结合的原则。通过定性评估的方法确定政府购买服务项目的总体状况,同时利用定量评估方法对定性评估的结论进行验证和检验,进而获得对政府购买服务项目的全面而有效的评价结果。

(三)绩效评价的主体

公共财政购买服务效率评估,需要通过扩大评估主体范围并合理确定它们的相对重要性,形成以政府为主导、社会公众和第三方评估共同参与的多元主体结构。

第一,政府部门作为政府购买服务的主要管理者和出资方,在政府购买服务效率评估中的主要职责有两个方面:一是建立评估标准、制定和发布相关政策、实施指南和技术规范等;二是组织评估,综合利用评估信息改进预算管理、提高决策能力。

第二,社会公众作为政府购买服务的受益者,对政府购买服务项目的最终结果具有最直接的感受。因此,在政府购买服务效率评估的过程中,应该通过调查获得社会公众对于服务满意度的信息,检查购买服务效果是否符合公众需要。

第三,来自高等院校、科研机构、中介机构等技术人员组成的专家组,作为政府购买服务效率评估的第三方,主要负责解决一些技术上的难题,协同政府部门确定考评指标、考评标准,对政府购买服务效率进行分析评估。

然而,多元主体的参与是科学评估政府购买服务效率的一个必要条件,而非充分条件。在政府购买服务效率评估过程中,各评估主体间的利益偏好和认知往往是不同的,他们从自身利益角度对政府购买服务效率进行评估,可能会影响评估结果的客观性和科学性。因此,在政府购买服务项目评估的过程中,还需要对各个评估主体意见的客观性进行甄别,并合理设置不同主体意见的影响权重。

(四)绩效评价指标

政府购买服务作为政府职能转变的一种重要手段,主要是将过去由政府承担的社会公共服务工作转变为由各类社会组织承担的政府购买服务项目。而政府购买服务效率就是政府购买服务活动的投入产出比,应当"买得值"。政府购买服务效率分为可量化的和不可量化的两种:可量化的政府购买服务效率可由服务效率指标测量,如服务的数量、质量、覆盖范围、政府购买服务受众的满意度等;不可量化的政府购买服务效率则可以通过一些主观判断或认知来测量,如政府购买服务活动中各方面的合作状况与管理水平等。

政府购买教育服务是一个由多元主体共同参与的过程,包括作为购买服务出资人和管理人的政府部门、作为服务执行者和供给者的社会组织、作为服务受益者的社会大众。不同参与主体对政府购买教育服务的需求、预期和评价标准也往往不尽相同。因此,在对政府购买教育服务绩效评估指标建构过程中,需要综合考虑政府部门、服务供给机构和服务受众三个不同的维度,详见表5-3。

表5-3 政府购买教育服务评估的指标体系及标准表

评估维度	一级指标	二级指标	评估标准
政府	政府资源效率	政府财政资金的效率 基础设施的效率 政府人员的效率 政府的时间效率	1. 有规范合理的资源使用调配方案 2. 有完善健全的人、财、物等管理制度及组织人员架构 3. 有定期巡查工作机制及专项行动 4. 有科学严格的考核制度及纠错工作机制 以上4项符合为A;3项符合为B;其余情形为C
政府	项目监管效率	项目目标的明确性 项目流程的规范性 指导监督的有效性	1. 有清晰明确的项目实施方案 2. 有规范合理的项目管理制度 3. 有科学及时的考核督导机制 以上3项符合为A;2项符合为B;其余情形为C

续表

评估维度	一级指标	二级指标	评估标准
政府	实现社会效益	预期社会效益的实现程度	1. 达到政府与教育服务供给机构签订合同所规定的服务目标 2. 政府对教育服务供给机构提供的服务质量综合评估为满意 3. 第三方专业评估机构对教育服务供给机构的总评分为合格以上 以上3项符合为A;2项符合为B;其余情形为C
服务供给机构	资源配备情况	硬件设施质量 启动资金投入 人员结构及素质	1. 有完善良好的硬件服务设施 2. 有科学合理的启动资金 3. 有专业精湛的服务团队 以上3项符合为A;2项符合为B;其余情形为C
服务供给机构	服务质量	项目执行过程的规范性 与政府沟通的及时性 项目目标的实现程度	1. 教育服务供给机构提供服务的过程与政府的要求相一致 2. 教育服务供给机构与政府保持及时沟通 3. 教育服务供给机构所提供的服务结果达到了政府事先设定的目标 以上3项符合为A;2项符合为B;其余情形为C
服务供给机构	社会认可度	硬件设施认可度 软件设施认可度	1. 第三方专业评估机构及抽样调研的服务受众对教育服务供给机构硬件设施认可度均为满意以上 2. 第三方专业评估机构及抽样调研的服务受众对教育服务供给机构软件设施认可度均为满意 以上2项符合为A,其余情形为C
服务受众	服务受众的覆盖率	服务受众的范围 服务受众的层次	1. 教育服务供给机构提供服务覆盖率达到目标人群的80%以上 2. 教育服务供给机构提供服务能兼顾到受众的不同年龄、教育水平等差异性 以上2项符合为A,其余情形为C

续表

评估维度	一级指标	二级指标	评估标准
服务受众	服务受众的满意度	过程的满意度 结果的满意度	1. 服务受众对教育服务供给机构提供的服务过程满意度达到80%以上 2. 服务受众对教育服务供给机构提供的服务结果满意度达到80%以上 以上2项符合为A，其余情形为C

（五）评价与验收

政府购买服务效率评估（或称绩效评估）是一种正式的项目活动评估制度，也是政府购买服务开发与管理中一项重要的基础性工作。旨在通过科学的方法、原理来评定和测量政府购买服务的工作行为和工作效果。政府购买服务效率评估是政府购买服务的多元主体之间的一项管理沟通活动，其结果可以直接影响政府购买服务项目的调整、控制和经费投入。财政部门应当按照建立全过程预算绩效管理机制的要求，加强成本效益分析，推进政府购买服务绩效评价工作。

购买教育评估服务一般是通过委托的中立的教育评估机构对教育服务进行公正、客观、专业的评估。上海市浦东新区最早推行政府购买教育评估服务，其购买的评估内容包括对民办学校的评估、对政府购买服务的评估以及对各类教育项目的评估（张眉 等，2017），如表5-4所示。

表5-4 浦东新区政府购买评估服务的三大类型

评估服务内容	具体项目
对民办学校的评估	新开办的民办学校评估（办学资质、办学标准、学校设置条件等）
	民办学校专项工作评估（依法办学、年检等）
对政府购买服务的评估	服务提供者的评估
	服务对象的评估
	购买主体的评估
对各类教育项目的评估	项目经费的规范使用
	项目成果的达标

资料来源：根据浦东新区社会发展局相关资料编制（俞晓波，2012）。

第六章 政府购买教育服务机制的推进步骤及注意问题

虽然在试点和推进政府购买教育服务的过程中还存在一些有待深入研究和探索解决的问题,但政府购买教育服务正在成为各地政府履职的有效手段,政府购买教育服务的实施与推广已是大势所趋。综合国际比较研究、实证调研的研究成果,在征询各专家意见建议的基础上,课题组提出如下推进政府购买教育服务的政策建议。

一、扎实推进政府购买服务工作

(一)转变观念,正确认识政府购买教育服务的意义

政府购买教育服务是在政府职能转变、提升国家治理能力的大背景下,对政府提供公共服务的有益探索与尝试,目的在于向民众提供效率更高、质量更好的公共教育服务。

对上海、浙江、重庆、陕西等省市的调研表明,政府部门在委托管理、购买评估、购买培训、学位购买等方面引入购买教育服务的机制,不仅没有削弱政府的权威,而且在节约政府财政,提升公共教育服务供给质量方面卓有成效。政府购买教育服务正如政府背包里的"一支箭",只要用对地方,瞄准问题,就会一击而中。

因此,在实践中,既不能将政府购买教育服务视为洪水猛兽,完全排斥,也不能在相关政策引导下,蜂拥而上,贸然行动;应更加理性、开放地看待政府购买教育服务这一政策工具,以此政策工具作为转变政府职能、促进国家治理体系现代化的重要抓手,深入研究、积极试点、稳步推进政府购买教育服务。

(二)积极试点、稳步推进政府购买教育服务

虽然国内外政府购买教育服务的典型案例与经验启示为我国进一步实施与推进政府购买教育服务提供了宝贵的经验与参照。但基于国内外社会经济发展阶段不同、文化背景各异,再加之教育服务产品关乎千家万户、利在国计民生的重要性和特殊性,因此推进政府购买教育服务需遵循十六字原则:积极试点、稳步推进、尊重规律、绩效管理。

1. 积极试点

鼓励地方政府根据各地经济社会发展的状况,在已有探索和实践的基础上,选取购买教育服务已有基础的领域深入进行试点,对社会组织的准入标准和专业资质、教育服务产品的价格估算等难点问题进行探索,总结提炼政府购买教育服务的成熟的、可复制、可推广的经验与模式。引导各级政府部门加强对购买教育服务的组织领导、政策支持、财力保障和监督管理,依托科研机构深化政府购买教育服务的相关研究,科学确定各级政府购买教育服务的范围。

专栏　天津市政府向社会购买 14 类教育服务

日前,天津市财政局、市教委向社会公布了 14 类购买教育服务项目,依托社会力量专业优势,提升优质教育资源服务保障能力。

14 类教育服务项目包括:教育规划和政策研究、教育资讯收集及统计分析与发布、教育基础设施管理与维护、教育成果质量评估与监督、教育教学成果交流与推广、普惠性民办教育补贴、师资队伍培训、支教助学与扶贫助困服务、学生竞赛及活动的组织和实施、学生营养规划及膳食提供服务、学生素质拓展服务、校园安全辅助服务和校车服务、全民终身教育服务、其他政府委托的教育服务。

凡符合依法设立;治理结构健全、内部管理和监督制度完善;具有独立的财务管理、财务核算和资产管理制度;具备提供公共服务所必需的设施、人员和专业技术的能力;有依法缴纳税收和社会保险的良好记录;

在参与政府购买服务前3年内无重大违法记录、年检或资质审查合格、社会信誉和商业信誉良好的社会组织,均可与所在区教育部门对接,有资质承接以上教育服务项目。

资料来源:中国政府采购网。

2. 稳步推进

政府购买教育服务不是一蹴而就的。各地经济社会发展水平不同,亟待解决的教育问题不同,教育实践的复杂性、教育服务的特殊性决定了政府教育服务的实施与推进须稳扎稳打,稳步推进。应始终保持政府在提供基本公共教育服务上的主体性地位和专业权威性。购买教育服务政策制度的不断完善与政府购买教育服务的内容与范围的逐步扩大,两者须结伴而行。

专栏　深圳全面实施中小学购买教育服务工作

2016年,深圳正式出台《深圳市公办中小学购买教育服务实施办法》,《办法》要求,自2016年开始,全面实施中小学购买教育服务工作。到2018年,在全市建立完善的中小学购买教育服务工作机制,促进教育服务水平和质量不断提高。

购买教育服务的主体是本市公办中小学。承接中小学购买教育服务的主体包括:在登记管理部门登记或经国务院批准免予登记的社会组织、按事业单位分类改革应划入公益二类或转为企业的事业单位,依法在工商管理或行业主管部门登记成立的企业、机构等社会力量。市、区教育主管部门按照政府采购的有关规定,确定中小学购买教育服务的预选供应商,建立预选供应商库,中小学可从中选择承接主体。

《办法》实施后,财政部门将中小学空编经费和员额经费以2015年为基数,按30%、30%、40%的比例,分3年逐年递减,2018年12月31日前全部取消。同时,为满足学校临时性顶岗教学工作需要,财政部门按照一定的生均拨款标准,向各中小学校拨付购买教育服务的费用,按30%、30%、40%的比例,分3年逐年递增拨付给学校,3年后足额拨付。

资料来源:中国政府采购网。

3. 尊重规律

科学、有效地实施政府购买教育服务,更好地保障教育服务产品质量均有赖于尊重教育的基本规律。政府在选择教育服务承接主体时,必须严格把控承接主体的专业资质和任教资格,把提供教育服务的过程和结果是否符合教育的基本规律作为评判指标的首要标准。

4. 绩效管理

政府购买教育服务的初衷是提供更优质、更有效率的教育服务。因此绩效管理是政府购买教育服务的基本原则。坚持以事定费、费随事转,通过竞争择优的方式,多中选好、好中选优,选择确定教育服务的承接主体;建立规范化、程序化、专业化的第三方服务评价与监督机制,完善购买教育服务从项目设计、研究、实施和效果反馈等全程评估体系,切实提高财政资金使用效益和教育服务质量。

(1)健全购买教育服务的评估流程。

结合我国实际,购买公共服务主要有以下几个环节:首先要了解前期的需求,在了解需求的基础上,可以制订相应的规划,明确购买的流程,参与投标的社会组织的资质等。通过招标后,双方要签订相关的合同,明确双方的权责。在这之后,才开始提供公共服务,在项目实施过程中要实时进行监督,保证服务的质量。项目结束后,要进行调查与评估。对于政府购买公共服务的绩效评估,要加强对过程进行动态评估。动态评估主要体现在对项目实施的过程进行控制,这样对于突发的情况可以及时进行应对,对服务提供中存在的问题也可以进一步地解决和进行深入思考。如果过程中出现失责行为,那可以及时追究相关责任,确保服务的质量。

对购买教育服务流程的评估主要体现在以下几点:

对明确需求、制订规划的评估,首先要考虑到社会的整体发展规划和政府的财政能力,在此基础上评估为了实现该目标政府需要进行的财政支出,要考虑到经济效益。同时也要明确服务的数量、质量和服务需要提供的项目等内容,这是第一步评估中需要考虑的重要内容。

对于招标和签订合同的评估,主要体现在前期是否通过各种途径扩大了该项招标信息,让符合条件的社会组织有机会竞标。首先,在签订合同时,政府购买服务的资金是否符合实际,符合经济性原则,确保最优方案的选择。其次,体现在评估政府是否坚持公开透明、公平公正的原则。对于承接公共服务的社会组织要考察是否具有提供服务的能力、是否具备专业资质等方面。对于合同也要进行评估,双方签订的合同是否符合法律的规范,在合同内容中有无具体的职责和各阶段的任务说明,对于资金的给付方式和违约应该承担的责任都要有详细的说明,更重要的是对评估的规定等内容进行说明。

对于项目实施结束后的评估,主要体现在承接公共服务的生产者是否严格按照合同要求提供符合标准的服务,对其提供的服务质量和影响进行评估。

(2)建立评估结果使用机制。

政府评估教育服务后的结果,并不是一纸空文,而是具有深远的意义的,既要避免将结果束之高阁,又要避免在绩效评估结果利用上急功近利。很多地方评估结果只是进行评估后的形式化结果,不作为再次合作的依据,也与购买资金没有关系。现阶段,国内对于评估结果的运用主要体现在物质方面,如果达到评估标准则会进行一定的物质奖励。如作为奖金进行鼓励,或者在合同中明确结果作为支付资金的依据,达到满意的结果才会进行财政拨付。方式较为单一、单向,没有触及深层次的调整。应加强政府对于购买教育服务评估结果在完善教育服务购买领域的运用,根据评估结果的反馈,调整教育服务购买的范围和种类。如可以扩大对于某种服务的购买,或者适时调整购买的数量等。同时,评估结果的运用对于政府建立风险防范机制具有一定的促进作用,评估结果可以使政府更好地转变服务职能,发挥公共服务的作用。同样,可以使购买流程更具有科学性,更加完善,对于我国购买教育服务评估体制的建立有深远的影响。

(3)发挥第三方评估机构的主体作用。

作为公共服务的委托者,政府在对购买的公共服务进行绩效评估过程中,如前文所述,普遍的做法是上级政府机关对下级政府职能部门购买服务进行绩效评估,上下级中不可避免地存在着千丝万缕的联系,加上容易受到官方意志的影响,因而在实际中难免会影响对公共服务评估的客观性和真实性。加上最近几年标志性的公信力危机事件,发挥第三方的评估的主体作用似乎是一种必然选择。第三方评估机构,顾名思义,处于购买者、生产者和使用者之外的一方,一般具有权威性和专业性,并且通常被认为是同行业中的先驱,具有行业声誉和社会地位,能够开发出一系列的评价标准,得出令人信服的评估结果。政府可以委托独立的第三方评估机构,进行客观公正全面的绩效评估,提高评估的科学性。

在实际中,特别是对于金额较大或者专业性较强的项目可以委托第三方专业机构实施,避免政府在评估过程中的寻租行为和专业性缺乏的现象。第三方评估机构最大的特点是具有独立性,不受购买双方的影响,同时又具有该服务领域的专业素质,因此对于第三方机构的资质条件要有明确的要求。同样对于第三方评估机构的选取也要有清晰的标准,要挑选出既具备专业技能,又符合要求的评估机构,确保评估结果的准确公正。

二、政府购买教育服务机制运行中应注意的问题

政府在教育治理中是"掌舵者"的角色,在推进政府购买教育服务的进程中也是"掌舵者"的角色,即整体规划、科学设计、逐步推进各地政府购买教育服务的实践,引导和鼓励各地在实践中探索与完善政府购买教育服务的相关机制。

(一)设计购买规则,提高购买合法性

1. 制定政府购买教育服务国家层面的政策和法规

政策是一个国家的政权机关和政党组织及其他社会政治团体为了达到自身所代表阶级或阶层的利益与意志,通过权威的表达形式以标准化的手段来规定在某一历史时期内,应该实现的目标、恪守的行动原则、达成的明确任务、采用的工作方式,以及所选择的一般步骤和具体措施。政策实质上是阶级或阶层利益与意志的理念化、主体化以及实践化的具体反映。而法律法规则是政府购买教育服务的制度保障,政府购买教育服务要想获得长远的发展

空间,必须依赖于法律法规对政府购买教育服务地位与活动范围的明确界定,如果没有该种界定,政府购买教育服务就失去了合法性的基础,在发展中遇到瓶颈。政府购买教育服务政策和法规的确立和完善能为政府、市场、社会划分一条明确的界限,促进主体利益分配的合理化,推进相关的政策和法规的改革与创新,这是政府购买教育服务未来发展的必经之路。从当前我国政府购买教育服务的实践来看,中央政府层面并没有制定适用于政府购买教育服务活动的相关政策和法规,因此,我国应根据客观购买形势发展情况出台相应的国家政策,并着力完善中央层面的顶层制度设计,通过修改和完善《政府采购法》,确立政府向社会力量购买教育服务的基本原则和方向;通过政策和法律来规范政府购买教育服务的方式和购买程序,合理确定中央政府和地方政府购买教育服务的范围和内容,明确购买服务的资金来源、监督评估制度等事宜,并统一制定包括质量标准和技术标准等在内的政府购买教育服务的全国标准。

2. 推动政府购买教育服务地方政府层面的制度化

地方政府对购买教育服务领域的正式制度和规则建设的积极探索,能进一步保障我国政府购买教育服务的长期性和稳定性,同时也能在最大程度上避免因非正式规则的偶然性和临时性可能带来的不利影响。

由于我国地方政府还没有针对政府购买教育服务进行正式的制度设计,当前的实践更多的只是基层政府基于经济性和效益性的目的对教育服务供给方式进行的尝试,这种尝试带有较强的"人治色彩",即由基层政府或政府内部的某一部门领导积极推动而成,还不能成为一项较正式的制度安排。因此,我国各地政府应结合本地区经济的实际发展,来制定有较强操作性和符合地方客观情况的教育服务购买配套制度,进而提升政府向社会力量购买教育服务的合法化水平。具体来看,省级政府应严格遵守中央政府制定的相关法律法规来负责全省范围内的教育服务购买标准,编制指导目录,并明确政府购买教育服务中诸如购买主体资格、购买内容、购买对象、资金来源、购买规程、合同管理和监督、评估等一系列操作规范的基础性问题,而区、县级政府应结合自身区域的特点,按照省级政府的规定来确定购买教育服务的程序、方式、种类、数量等具体问题,以此开展具有地方性质的教育服务购买活动。

(二)理清购买参与主体间关系,合理界定权、责、利边界

政府购买教育服务作为多元主体参与公共教育治理与服务的重要表现形式,减少和解决利益冲突有效实现变革的重要前提应该是划清政府、服务承接主体和服务受众"三元主体"之间的责、权、利边界。

1. 权限划分

公共治理理论认为,政府并不是公共事务治理的全能者,也不应该完全垄断一切合法的权力,除了政府之外,市场和社会主体等组织只要能够得到公民的合法性认可,都可成为行使治理权的主体,和政府一起来分担公共事务上的管理权以及公共服务或公共物品的供给权。权限的合理区分和作出不同层次必要的保障是减少和解决主体利益冲突并有效实现变革的重要前提。

作为购买主体,首先政府有权力把教育服务的生产权让渡给市场或社会主体,从而使它们能够在形成相应职能的基础上充分发挥自身的资源优势,以此确立服务承接主体在规则范围内自我管理和自我运作自治基础。其次,政府具有调整权。在服务承接主体提供教育服务过程中,一旦出现事先未能预见的特别事项,不利于购买目录的实现或违背教育服务受众的公共利益时,政府有权要求服务承接主体调整相应的管理技术和方法。再次,政府具有撤销权。服务承接主体违反政府提出的购买目标,违背自身职责,造成购买效率低下,购买效果不理想或造成其他严重后果时,政府可以撤销其供应教育服务资格并要求赔偿。最后,政府具有奖惩权。政府依据购买契约,有权对产生良好经济和社会效益的服务承接主体给予表彰和奖励,也有权对效益低下并产生不良社会影响的承接主体给予批评并要求改进,未按期改进或改进后仍未达到要求的服务承接主体,政府有权提前终止购买合约,因违反购买合同而对服务受众的公共利益造成社会危害的,政府有权要求进行刑事

处罚。

首先,服务承接主体在参与政府购买活动中具有选择权,它可以不接受认为不利于自己组织目标实现或收益少于其他机会的购买项目;其次,服务承接主体有权基于一种相对平行的关系与政府进行利益谈判,包括教育服务的价格、质量等教育服务合同条款的确认;再次,服务承接主体在生产教育服务的过程中享有自主管理权,包括人事权、财务核算权、对服务受众的管理权等;最后,服务承接主体在完成合同规定的任务后,有权取得购买契约所规定的酬劳。当然,由于政府原因而使教育服务生产活动无法继续的,承接主体有权提出终止购买合同。

公共治理理论不仅更多地关注高素质公民在治理活动中的政治参与,重视公民的话语权能够在治理活动中得到充分体现,它还特别强调政府与公众的对话和辩论共识在公共事务治理活动及政策网络中所能发挥的重要作用。在政府购买教育服务活动中,如果只是"政府唱戏,群众看戏",则难以取得购买实效。因此,教育服务受众应该明确自身权利的重要性,培养在购买过程中积极协调、适当妥协的行为方式等,同时也应该积极关心并主动参与在政府购买教育服务领域发生的各种问题,逐渐改变过去固有的只是教育服务单一消费者的形象,转变成为教育服务的共同生产者,主动、积极地参与到政府购买教育服务事务中。一方面,服务受众有权利了解服务承接主体的资质及生产和提供教育服务过程的情况,有权要求承接主体对当前的实施情况作出说明;另一方面,由于承接主体管理不当,造成服务受众利益受损时,服务受众有权要求承接主体作出相应的调整;由于服务承接主体违背自身职责造成重大责任事故的,服务受众也有权要求政府终止承接主体供给教育服务的任务,并给予补偿。

2. 责任界定

从法治角度而言,没有无义务要求的权利,当然也没有无责任担当的权力,拥有权力也就意味着必须承担相应的责任,权责明确是进行权力分配的根本性原则,因此权力和权利的授予必然伴随责任和义务的产生。

(1) 政府的责任。

政府"为人民服务"的发展宗旨决定了自身必然是一个责任导向的政府，因此在教育服务供给中，为了防止政府责任缺失而带来的服务异化，政府应始终以为公民提供优质高效的教育服务为己任。

关于政府在供给公共服务中的责任，奥尔森(2005)认为，在整个公共服务供应中，政府所面临的责任问题主要分为三类：回应偏好表达、实现财政平衡、构建问责制度。我国学者郑苏晋(2009)认为政府在购买公共服务中的主要责任包括五个方面：运用公共选择机制对需要解决的公共服务问题进行决策；选择并确定公共服务的生产者；明确公共服务的生产数量和质量标准；确定公共服务的供给方式；监督公共服务生产者的行为。也有学者(余辉 等，2005)认为在政府向社会组织购买公共服务的活动过程中，政府的具体责任通常包括：确立所需公共服务的水平以及可支付资源的限度；明确公共服务生产过程中的质量及表现标准；采取行动来应对违反这些标准时可能发生的情况。

对于政府购买教育服务来说，政府依然是教育服务生产和供给中的财政责任主体以及对购买活动进行宏观管理的责任主体。除了履行好自身的管理责任外，更重要的是要承担起对服务承接主体和服务受众的责任。

第一，为服务承接主体提供良好的制度环境，可以通过制度的保障和激励，从法律和政策层面为服务承接主体的发展和规范创造良好的购买环境。第二，保证服务承接主体间的公平竞争，激发服务承接主体参与购买活动的积极性，从而不断提升教育服务的质量和水平。第三，对服务承接主体进行监督和评估，防止其负外部性的出现，保障政府购买教育服务的顺利进行。第四，明确服务受众的范围和需求，以提高教育服务的普惠性和受众可及性，从而使教育服务受众的机会公平和社会正义能够真正得到落实。第五，维护教育服务受众的利益，避免因供给者和消费者之间的信息不对称而导致服务受众利益受到侵害。

(2) 服务承接主体的责任。

首先，对政府负责。政府购买教育服务是政府使用合同契约，通过公私合作的方式来实现向教育服务受众提供教育服务的目标,政府作为购买方把生产教育服务的权力委托给服务承接主体,服务承接主体承担了本应由政府承担的部分行政职能,因此,它有责任履行购买契约中所规定的相关任务,并就自身行为向政府负责。

其次,自身的管理责任。在公私合作的模式下,服务承接主体对教育服务的供给责任实现,依赖于自我实现。因此服务承接主体应该恪尽职守,本着诚实有信、谨慎、有效的原则,加强自身管理,提升自身服务标准及自身专业队伍和能力建设,加强自我约束和自我规范,提高教育服务质量。

(3)服务受众的责任。

服务受众是接受教育服务的对象,也是教育服务的消费主体,但因其自身价值标准的多样化,可能会对政府购买教育服务活动持抵触或反对的态度,因此,除了政府的积极引导外,服务受众自身要树立参与主体的责任意识,自觉遵守和执行政府发布与购买活动相关的管理规定,并在相应的购买流程环节和相关购买条件中约束自身行为。

政府购买教育服务中委托－代理的"二重性"决定了服务受众监督责任的"二重性",即服务受众不仅应对政府进行监督也应对服务承接主体进行监督。服务受众对政府监督的目的是保证政府购买行为的合理性与合法性,对服务承接主体的监督是为了使其能提供优质的教育服务,也是为了给承接主体一个强烈的自律激励,从而刺激其能不断修正自身行为,维护服务受众的利益。服务受众的双重监督不仅是服务受众自身必须要履行的关键责任,更是实现政府购买教育服务活动顺利开展的重要保障机制。

3. 利益平衡

教育服务购买主体、教育服务承接主体和教育服务消费主体共同构成了政府购买教育服务活动中的"三大主体",它们在教育服务购买过程中有着不同层面的利益诉求,它们的利益表达虽然具有建设性和发展性,但同时也不可避免地带有主观性和局限性。一方面,利益主体会产生冲突。从本质上来看,作为市场经济的一套规则,市场中的主体都以追求自身利益最大化为目的,教育服务市场也不例外。为了保证整体利益的最大化,这就需要政府来维持秩序。因为在社会变革的过程中,一种新的社会需求常常会通过政府这一权威机构得到集中、合法的传输和表达购买活动中需要解决的重要的、核心的问题达成共识,形成利益"交集",这无疑会推动购买活动沿着正确的方向快速发展。另一方面,利益主体由于地位和作用的差别以及资源和能量、利益和权力的不平衡,它们便会站在各自不同的立场产生利益较量,从而造成相互之间的矛盾,可以说政府是变革中的重要安排主体。在转型时期,政府最主要的任务就是在政府和市场、社会及公民个人之间找到新的公共价值和公共利益平衡点。因此,在教育服务购买活动中,政府作为担负主体间利益统筹以及矛盾调解的最高责任主体,面对不同主体的利益诉求,它需要用教育的公益性这根最高利益准绳将各利益相关者紧紧地连接在一起,并通过设计一套制度和规则来强化维护公共利益为目的的道德自觉性,进而促进包括政府自身在内的不同利益主体在理性认识的基础上和在可能条件下,实现最大程度的利益调和,使它们能在满足共同利益的前提下积极实现对自身利益的追求,另外,在不损害自身合理利益的前提下,还可以通过设计适当的激励机制和利益共享补偿机制来平衡主体间的利益诉求,以实现主体间的和谐共处。

(三)优化政府内部战略资源,提升政府管理能力

1. 财务管理能力

政府购买教育服务,必须有财政预算作保证。应建立健全政府购买教育服务的财政预算和支出管理制度,设立政府购买教育服务专项资金账户。结合项目特点和相关经费预算,综合物价、工资、税费等因素,科学测算安排政府购买教育服务所需支出。填报购买教育服务项目表,并将列入集中采购目录或采购限额标准以上的政府购买教育服务项目同时反映在政府采购预算中,与部门预算一并报送财政部门审核。

(1)健全财政预算和支出管理制度。

设立政府购买教育服务专项资金账户,统一将所需经费纳入年度财政预

算中,保证购买经费来源。结合项目特点和相关经费预算,综合物价、工资、税费等因素,科学测算安排政府购买教育服务所需支出。

(2)确立教育成本核算与价格估价机制。

教育服务与其他服务相比,是一种"软服务",具有非量化的特征,这就使得教育服务比其他服务和产品难以进行准确的价格估算与定价。估算教育服务价格要有一个基本原则,既要符合市场的运作规律,又要符合教育发展的规律。在确定教育服务价格时,既要考虑到成本,又要考虑到市场的供求关系。在市场经济条件下,商品和服务的价格是由市场中的供求双方共同确定的;政府购买教育服务的价格也是由教育服务供给价格和教育服务需求价格共同组成的。教育服务的供给价格是由教育服务的提供者计算,包括教育生产者的报酬、购买教育生产资料的成本、教育机会成本和适当的利润构成的;教育服务中的需求价格估算要考虑到教育事业本身的发展规律,教育的连续性和持久性,也就是要考虑到教育服务的"转换成本"。

(3)完善财务监管审计制度。

为了建立起有效的财政监管体系,财政、审计等有关部门应当加强对政府购买服务资金的监督、审计,确保政府购买服务资金规范管理和合理使用。承接主体应当建立健全财务制度,严格遵守相关财政财务规定,对购买服务的项目资金进行规范的财务管理和会计核算,加强自身监督。对于承接主体违反资金管理规定,不能保证资金有效使用的,追究其法律责任;对于涉嫌犯罪的,依法移交司法机关处理。

2. 机构组织能力

在公共治理中合理设置管理机构和科学规定管理程序能有效降低治理成本。政府购买教育服务是一项新的教育服务治理实践,它是由多个相关职能部门职责分工和共同作用的一个系统工程,需要相应的管理体制作保障。我们应本着科学合理和专业有效的原则来设计政府购买教育服务活动的组织管理机构,并配置相应的部门和岗位职能和职责,建立健全"政府统一领导,财政部门牵头,民政部门协同,职能部门参与,监督部门保障"的管理体制和科学规范的工作机制,形成各负其责、齐抓共管的格局,进而为政府购买教育服务提供强有力的组织保障。

3. 合同管理能力

教育服务合同在政府购买教育服务中发挥着重要的管理作用,它是政府购买教育服务的重要内容和有效凭证。而对于教育服务合同的管理则是政府购买教育服务得以实现的基础和保障。从这个意义上看,在一定程度上,教育服务合同管理的成效决定了政府购买教育服务的成败。(刘青峰,2015)公共服务外包合同包含了三个关键阶段,即合同的制定、合同的执行和合同的评估。因此,只有提升政府的合同制定能力、合同执行能力以及合同评估能力,才使政府成为一个"精明的买主"。

4. 风险防控能力

在政府购买教育服务过程中,由于购买主体与承接主体之间的信息不对称、教育服务产品的特殊性、购买教育服务相关政策的不完备等,可能出现以下三大风险:易滋生公共权力与私人利益之间的"寻租"交换;有可能增加公共教育服务供给的成本;教育服务产品的质量达不到预定标准。

防范与控制政府购买教育服务风险的关键在于不断完善政府购买教育服务的政策制度,以制度规约政府购买教育服务的全过程。

第一,明确购买不同类型教育服务承接主体的准入标准与专业资质,建立该类型教育服务领域的网上平台与数据库,每年定期发布承接主体的资质资料、诚信记录与服务质量等,接受社会大众的监督。

第二,引入第三方专业评估机构对购买教育服务过程实施前评估、中评估与后评估,实行购买教育服务经费与评估相关联、评估后分期付费、事后终身追责等原则。

第三,在实践中探索完善购买教育服务的招投标制度、信息公开制度、价格估算制度、财务管理与审计制度等。

(四)扶持社会组织的发展,创新购买文化

健全的社会组织是构建良好的公共治理制度不可或缺的重要环节。为

了实现政府购买教育服务活动的常态化和机制化发展,政府应致力于对教育服务承接主体的培育,使专业化的、资质优秀的教育社会组织能够通过竞争机制公平、公开地参与到政府的购买活动中,降低教育服务供给成本,提高教育服务提供效率,实现教育服务供给的"最佳物有所值"。一是要结合事业单位分类改革,创新社会组织管理体制。培育和打造一批符合市场机制、独立承担社会服务的新型社会组织,逐步淡化政府主管部门对社会组织的管理职能,为社会组织的发展提供良好的空间。二是加大政府扶持力度,充分发挥高校、事业单位和社会组织在社会服务中的特长和优势。增强它们服务社会、服务教育的能力,形成政府购买社会服务的平台,构建起多种组织类型并存、满足社会多元化需求的社会服务组织体系。三要通过培育购买参与主体间的信任文化、塑造购买参与主体间的契约文化、培育教育服务受众的公民文化来创新和培育政府购买教育服务的社会文化环境。

(五)健全退出机制,确保购买活动长效发展

随着社会环境的变化,教育服务生产和供应主体的优劣势也会随之发生变化,这就需要政府及时关注教育服务市场和服务供给技术可能发生的变化,并适时根据环境的变化来调整教育服务的购买策略。

首先,要明确承接主体的淘汰条件。政府应把服务承接主体参与购买教育服务活动的合同履行情况、信用记录等作为末位淘汰需要考核的关键要素,以此在服务承接主体之间形成优胜劣汰的约束机制。

其次,要有正当的退出程序。退出程序的正当性是构成整个购买行为合法性的必要条件之一。由于政府和服务承接主体在利益上的合谋而导致的购买失败,应交由纪检部门和监察机关进行调查处理并宣布购买合同无效;如果是服务承接主体单方面违约而导致教育服务生产活动无法正常进行的,政府可直接终止购买合同;如果是政府单方面违约,比如,不能按照合同约定及时拨付资金及合同中所达成的条款不能及时兑付等,承接主体则可以终止对合同的继续履行,如果政府对服务承接主体的退出存有异议,则可以按照合同规定的纠纷解决条款进行调解,如果合同中没有作出明确的约定,则可以通过法律途径来解决。

再次，对非正常退出的处理。政府购买教育服务中参与主体的非正常退出不仅意味着公私合作关系的结束，也意味着原有购买契约的无效，这种情况的发生不仅对服务项目的正常建设和运营带来失败的风险，同时在事实上也会对政府和服务承接主体造成信誉、财产和其他方面的损害。如果是政府单方面违约，承接主体有权利要求政府给予合理的经济补偿；如果是承接主体违约，政府除了要收回已拨付的资金外，还应加大对其失信和社会信誉的曝光度，并拉入政府的黑名单，暂时或永久取缔其参与政府购买教育服务活动的权利和资格。最后，正常退出应符合教育体制的发展规律。政府购买教育服务中参与主体的正常退出是指政府和服务承接主体按时，并保质保量地完成了购买契约所规定的各项任务，双方脱离了教育服务的委托-代理关系。但要真正实现服务承接主体对服务受众从"输血"到"造血"的功能转变，退出时间和退出方式需要符合教育体制自身的发展规律。

（六）加强信息沟通，建立良性合作互动关系

良好的信息沟通不仅能促进公私合作伙伴之间沟通彼此感情、建立良好的信任关系，达成购买共识，还能在最大程度上保障服务受众获取购买信息，参与购买活动的权利，以及有效规避政府因信息不对称而导致的"信息孤岛"现象。

1. 公开的信息传递机制

在教育服务市场中建立起关于教育服务买卖双方的充分、完全和公开的信息传递机制是保障购买教育服务政策得到有效实施的重要条件之一。特别是在教育服务购买的前期准备阶段，为了保证教育服务承接主体的信息能在教育服务市场中得到畅通的流动，并能获取完整的教育服务诉求信息，这就需要政府利用一定的信息技术手段来建设完善的教育服务承接者和教育服务需求者的资料数据库，使潜在服务承接主体的专业资质和能力水平以及服务需求者所需服务的内容、性质和类型等相关信息能完备、清晰地呈现在教育市场中。

2. 完整的信息披露主体和内容

在教育服务购买的中后期阶段，政府部门应主动合理地披露有关教育服

务购买项目的目录范围、购买资金的预决算信息、购买计划的实施情况、对服务承接主体的监管信息、最终的购买绩效评估信息以及与整个购买项目相关的财务信息等;服务承接主体要及时披露在项目实施过程中的发展规划、项目进度、全面的项目运行情况、所提供的服务绩效及项目资金的配置和使用情况等;评价监督主体应将在各自职责范围内形成的监督评价信息以报告的形式及时对其他购买参与主体进行信息披露。

3. 畅通的信息发布和反馈渠道

政府购买教育服务过程中的相关信息可以通过政府和服务承接主体的官方渠道或自媒体渠道向利益相关者发布,还可通过建立包含信息发布、项目申报、项目审批、投诉建议、监管评估、信息反馈等功能于一体的政府购买教育服务信息共享和管理平台来联合、集中发布综合性的购买项目信息。另外,政府还应注重建立完善的信息反馈机制,不仅要对服务受众和社会其他群体反馈的信息及时有效地在规定的时间内进行处理和公开,还应不断强化政府管理人员的回应意识、信息回应载体的建设及相关制度的完善,以提升政府对购买活动中反馈信息、诉求信息自觉的和可持续的回应性。

附　录

附录 A　我国政府购买服务法律法规政策综述

课题组搜集并梳理了我国已颁布出台的有关政府购买服务的法律法规政策,名称如下:

一、国家法律

1.《中华人民共和国预算法》
2.《中华人民共和国政府采购法》(2002年通过,2014年修正)
3.《中华人民共和国政府采购法实施条例》
4.《中华人民共和国招投标法》
5.《中华人民共和国合同法》
6.《中华人民共和国民办教育促进法》
7.《中华人民共和国民办教育促进法实施条例》

二、中共中央和国务院文件

1.《中国农村扶贫开发纲要:2001—2010》
2. 中国共产党第十八次全国代表大会报告——《坚定不移沿着中国特色社会主义道路前进为全面建成小康社会而奋斗》
3. 中国共产党第十八届中央委员会第三次全体会议——《中共中央关于全面深化改革若干重大问题的决定》
4. 中国共产党第十八届中央委员会第五次全体会议——《中共中央关于制定国民经济和社会发展第十三个五年规划的建议》
5. 中共中央、国务院:《国家中长期教育改革和发展规划纲要(2010—2020年)》

6. 国务院:《关于创新重点领域投融资机制鼓励社会投资的指导意见》(国发〔2014〕60号)

7. 国务院:《关于促进服务外包产业加快发展的意见》(国发〔2014〕67号)

8. 国务院办公厅:《关于政府向社会力量购买服务的指导意见》(国办发〔2013〕96号)

9. 《国务院关于鼓励社会力量兴办教育促进民办教育健康发展的若干意见》(国发〔2016〕81号)

三、有关部委文件

1. 财政部:《关于做好政府购买服务工作有关问题的通知》(财综〔2013〕111号)

2. 财政部、民政部、工商总局:《政府购买服务管理办法(暂行)》(财综〔2014〕96号)

3. 财政部、民政部:《关于支持和规范社会组织承接政府购买服务的通知》(财综〔2014〕87号)

4. 财政部:《关于政府购买服务有关预算管理问题的通知》(财预〔2014〕13号)

5. 财政部:《关于推进和完善服务项目政府采购有关问题的通知》(财库〔2014〕37号)

6. 财政部:《政府采购非招标采购方式管理办法》(财综〔2014〕74号)

7. 财政部、教育部:《关于印发〈中央财政支持学前教育发展资金管理办法〉的通知》(财教〔2015〕222号)

8. 民政部:《民政部购买社会服务指导目录》

9. 文化部、财政部、新闻出版广电总局、体育总局:《关于做好政府向社会力量购买公共文化服务工作的意见》(国办发〔2015〕37号)

10. 财政部:《关于推广运用政府和社会资本合作模式有关问题的通知》(财金〔2014〕76号)

11. 财政部:《关于政府和社会资本合作示范项目实施有关问题的通知》(财金〔2014〕112号)

12. 财政部:《关于印发政府和社会资本合作模式操作指南(试行)的通知》(财金〔2014〕113号)

13. 财政部:《关于规范政府和社会资本合作合同管理工作的通知》(财金〔2014〕156号)

14. 财政部:《政府和社会资本合作项目政府采购管理办法》(财库〔2014〕215号)

15. 财政部:《政府和社会资本合作项目财政承受能力论证指引》(财金〔2015〕21号)

16. 财政部、发展改革委、人民银行《关于在公共服务领域推广政府和社会资本合作模式的指导意见》(国办发〔2015〕42号)

17. 财政部、国家自然科学基金委员会:《国家自然科学基金项目资助经费管理办法》(财教〔2015〕15号)

18. 教育部、财政部:《关于改革实施中小学幼儿园教师国家级培训计划的通知》(教师〔2015〕10号)

19. 教育部:《2016年教育信息化工作要点》

20. 财政部、中央编办:《关于做好事业单位政府购买服务改革工作的意见》(财综〔2016〕53号)

21. 财政部、民政部:《关于通过政府购买服务支持社会组织培育发展的指导意见》(财综〔2016〕54号)

22. 财政部:《关于坚决制止地方以政府购买服务名义违法违规融资的通知》(财综〔2017〕87号)

23. 共青团中央、民政部、财政部《关于做好政府购买青少年社会工作服务的意见》(中青联发〔2017〕16号)

24. 财政部:《关于推进政府购买服务第三方绩效评价工作的指导意见》(财综〔2018〕42号)

25. 财政部:《政府购买服务管理办法》(财政部令第102号)

26. 财政部:《关于印发中央本级政府购买服务指导性目录的通知》(财综〔2020〕57号)

附录 B　我国五省市政府购买教育服务情况的访谈记录

访谈提纲：

(1)如何看待政府购买高等教育服务的意义；

(2)当前国内外政府购买公共服务和购买教育服务有哪些理念和实践经验可供借鉴，有哪些教训需要吸取；

(3)你市或区政府购买教育服务、购买高等教育服务的实践和设想、经验和问题；

(4)如何建立我国政府购买高等教育服务机制：指导思想，基本原则，目标任务，由谁买，向谁买，买什么，如何买，资金管理，绩效管理。

BJ 访谈：

一、政府购买教育服务的重大意义

会议一致认为，政府购买教育服务是落实党的十八大、十八届三中全会、五中全会精神，国务院办公厅《关于政府向社会力量购买服务的指导意见》（国办发〔2013〕96 号）的重要举措，是转变政府职能、提高政府工作效率和效益、引入市场机制、优化教育资源配置、应对国际教育市场冲击和挑战的关键抉择。

(1)转变政府职能，简政放权。

有同志认为，政府购买教育服务是政府在服务方式上的重要变革和创新，体现"小政府，大社会"思想，也有助于增强公众参与意识，明确和突出服务重点，从而更好地建立服务型政府。

(2)提高服务效益、效率和质量。

有同志认为，政府主导的公共服务存在效益不高、发展不平衡的问题，基本经济制度引入教育领域中来，合理有效地发挥社会组织的作用，社会组织按社会需求办学,极大地提高了教育服务质量和效率。从财政角度来讲,也改变了传统的"养人办事"方式。

(3)引入市场机制,优化教育资源配置。

有同志反映,从已有教育实践来看,政府购买教育服务能够激发教育市场的活力,促进教育领域内竞争,进而优化教育资源配置,形成教育市场内的良性竞争,进而影响公办学校,对推进整个教育领域综合改革具有重要意义。

(4)应对世界教育市场的冲击和挑战。

有同志认为,西方国家,特别是美国,将教育列入服务贸易对中国教育的冲击将是巨大的。随着教育的国际化趋势加强,我国教育必然要面对来自西方教育的挑战。如何让我们的教育从更多的"引进来"转向更多的"走出去",希望能抓住这次"政府购买教育服务"的契机。

二、政府购买教育服务的概念界定

多数同志认为,"政府购买教育服务"需从广义上和狭义上分别定义。总体来讲,政府购买教育服务作为一个新生名词,广义、狭义上的定义,包括购买主体的范畴、承接主体的性质、购买内容的范围等都需要进一步思考和讨论,要注意其中的界线,仔细区分和鉴别,不能什么都往里放。

有同志提出,政府直接提供的一部分公共服务事项以及政府履职所需服务事项要明确区分为必须购买的、可以购买的、绝不能购买的。全球范围内,服务被分为公共服务和非公共服务,公共服务又分为基本公共服务和非基本公共服务,我国目前尚处于社会主义初级阶段,政府购买教育服务一定是购买公共服务,特别是基本公共服务。

也有同志认为,应根据教育服务的对象不同区分为向政府提供和向社会提供两种情况。前者是政府内部事务处理,因人手不够,为避免机构冗余,向社会力量购买服务,即为政府自身购买服务;后者是政府有向社会大众提供某种服务的职责,自身不提供而是购买社会组织的服务提供给社会大众。

三、购买主体

会议认为,政府购买教育服务首先要明确"谁来买"的问题,即购买主体。

有的同志认为,政府是购买教育服务的规划者、出资人,同时也是监督者。此外,政府中央与地方、不同行政机关都有不同的购买需求。有的同志认为,购买主体应该有明确的自我定位。从政府的角度来讲,从"办学校"到"补学校",到"补受益者"。校长从"管理学校"到"经营学校"。

四、承接主体

会议认为,政府购买教育服务要明确"向谁买"的问题,即承接主体。

许多同志认为,当前政府购买教育服务的承接主体的重点应放在混合所有制和民办机构等不是依靠财政补贴和财政支持运转的服务提供者上,公办的可以先搁置。

有同志提出,对于承接主体的性质需考虑:是选择营利性机构还是非营利性机构,选择企业还是民办非企业、基金会、社会团体。营利性的机构是否可以承接公共服务的购买,比如新东方的英语课程政府要不要去买等问题。

有的同志表示,政府可以向民办非企业、基金会、社会团体购买服务,也可以向企业购买。其中关键在于政府的监督,要制订标准,确保不管是经济组织还是社会组织,其办学的性质真正是公益。但社会组织的公益性不等于说社会组织不能盈利,这里尚存在很大的误区。

与会同志普遍认为,目前教育服务的承接主体市场力量薄弱,社会组织需要培育和监管,要根据市场准入机制确立并严格审核其资格和资质。此外,不管是公办单位还是民办单位,不管是企业单位还是事业单位,只要能提供这个服务,且服务的性价比高,就应该树立一视同仁的观念。

还有同志建议,从法律层面上明确社会组织作为公共服务主体的独立性,少一些外部干扰,要改变教育服务供应商的范围,保证政府和社会组织在合约订立、服务管理、监督体系等环节中有法可依。

五、购买内容

关于政府购买教育服务的重点,会议一致认为,要明确"买什么"的问题,即购买内容。

首先,多数同志强调,要明确界定政府的职能范围和权限,界定购买教育服务的范围,比如,义务教育阶段政府职责和购买边界较为清晰,非义务教育阶段,如学前教育、职业教育、高等教育、终身教育等的购买内容仍需要进一步界定,这些是否也能推开来做值得思考。

其次,有的同志指出,政府购买教育服务应抓住教育中的短板,比如,职业教育与普通教育之间,应以职业教育为购买重点;民办教育与公办教育之间,应以民办教育为购买重点。民办教育提供的有可能是公共服务,也有可能提供非公共服务,购买时应明确区分界定。

与会同志一致建议,政府购买应针对购买服务的种类、性质、内容,建立"菜单式"指导性目录,在年度计划的制订方面要准确无误地识别哪些需要购买,哪些不需要购买,在这些基础上来细化服务条款,同时还应该构建由政府、群众、服务供给机构共同参与的立体化参与体系,服务者本身对服务质量、服务效果最有发言权。

根据与会同志反映的情况,目前,我国政府购买教育服务已经涉及和可以涉及的项目主要有以下两种分类方式。

(一)按服务性质分类

(1)基本教育公共服务。

主要是学额学位。此外还包括委托管理、教育评估等。考虑义务教育可能前移,学前教育的学位购买也将是未来的主要内容之一。北京市购买教育服务还包括课后教育、英语类课程、艺术类课程、学生活动组织实施、中央高校教育、国外高校教育、企业培训实训等。

(2)教育技术性服务。

教育科研和技术推广、教育资源的数字化传播、教育评估监测、规划调查、统计分析、会计审计服务。

（3）教育管理性服务。

校园安保服务、校车服务、后勤管理服务、教学基础设施的管护。

（4）政府履职所需辅助性事项。

教育相关政策、课题调查研究，教育类评价指标制定，教育会议活动和展览服务，教育类监督检查、绩效评价、项目评审，教育咨询与培训，教育信息化建设与管理等领域。

（二）按教育阶段分类

（1）学前教育。

目前，学前教育学位缺口较大，公民在学前教育方面的支出很高，政府可以考虑采用购买的方式缓解公众压力。特别是"三胎政策"的开放，未来学前教育将会成为购买的热点领域。

（2）基础教育服务。

基础教育服务主要包括学额学位，委托管理和教育评估等。此外，也包括课后教育、优质在线课程、优质教材、学生活动组织实施、公共设施管理、后勤保障等。

（3）高等教育服务。

高等教育服务主要包括教育评估，高校教材，科研，教师培训，后勤。

（4）职业教育服务。

职业教育服务主要包括企业实训、产学一体、产教融合等项目。

（5）终身教育服务。

终身教育服务主要涉及老年人教育课程、残疾人教育等项目。

六、购买方式及程序

有同志认为，政府购买教育服务的方式目前主要存在以下问题：一是"分派指标式"主要面向公办学校，是否属于政府购买教育服务范畴有待商榷。二是"市场化招标购买"容易滋生恶性竞争和科研经费作假等情况。

因此,有同志提出,确立合理的购买方式和程序需要从中央到地方的全面立体的制度设计,要采用多种形式改变现有规则和方式。还有同志建议,购买方式应以公开招投标为主。竞标时要根据购买项目类别、资金、效率、承接方数量等多方面因素选择中标方。如参与竞标单位较少,有些单位资质不够或资金较少,则不一定采取招投标方式,避免资源浪费且效率低下。

七、预算及财务管理

会议一致认为,现有财政拨款制度与政府购买教育服务的不匹配是政府购买教育服务中亟待解决的难点问题。其难点主要表现在:

(1)尚未设立政府购买教育服务专项资金账户,尚未形成与之配套的拨款机制,财政拨款渠道不通畅影响了购买教育服务的积极性。

有同志反映,政府购买教育服务实际开展之后,国家的拨款制度并没有配套,出现排异反应,将某个项目委托给某个部门或者组织没有问题,但是钱没办法拨,存在制度性障碍,影响政府购买。还有同志反映,公立学校的财政经费进入学校后难以合理有效分配使用,追加的所有内涵式发展项目,都因为财务制度严格的刚性要求,以不能转移用途为由而无法得到财务上的保障。譬如我们向公立学校购买教育服务,财政经费进入公立学校是按照科研经费管理的,实际使用和支出存在障碍,专家的劳务费和学生业余时间做研究的费用都不能报,这就是个问题。

(2)民办学校缺少财政经费支持。

有同志认为,公共财政不是公办财政,它涉及整个教育领域,不只能拨款给公办机构,民办机构同样需得到公共财政的扶持。

针对以上问题,与会同志提出了以下建议和设想。

第一,教育和财政关系中,教育一直处于弱势地位。建议在省级人大设立高等教育委员会,总经费交予它,政府不作细化分配,只作监督,否则会越来越乱。

第二,政府购买服务应该成为一个新常态,应该在未来的拨款制度筹资的财政体系成为一个大面积推行的做法。

第三,学校的科研经费是一个财政问题,又不仅仅是财政问题,教师的积极性非常重要,教师生活压力大,高校在资助方面应该给一点自主权,这涉及财政经费拨款的问题,财政部确实需要思考;另外,高校发展钱花到哪里最合适,要做好评估和考核,应该在几所学校进行试点。

第四,建立政府购买服务的财政预算和支出管理制度,政府购买服务的改革发展所需要的资金可以依然按照预算管理来列入各级政府的财政预算,但要严格资金的管理,确保公开透明、规范有效。在完善政府购买教育服务制度的同时,要强化政府购买服务的预算管理,应该认真做好全年的购买服务计划和相应的资金配制,这样便于政府进行批复,同时还可以考虑优化政府购买服务的编制,这个编制和计划一旦定了以后,也可减少随意性。

此外,还有同志提出,各地区的财政经费投入不同,在购买教育服务实践中要因地制宜。

八、过程监管与绩效评估

与会同志一致认为,过程监管与绩效评估是政府购买教育服务有效实施的必要环节,主要解决"买得值"的问题。

(1)建立协同、动态监管机制。

多数同志提出,建立由购买主体、服务对象和第三方共同组成的协同监督组织,三方共同进行过程监督和动态管理,形成更加科学规范的机制。

(2)尝试建立定价机制。

许多同志反映教育服务质量特别难以量化,教育成本价格难以计算,有些教育服务甚至难以定价,其中的机制建立和标准确立还要进一步思考。

(3)建立绩效评估机制。

与会同志普遍认为,评估方面主要从以下几方面入手:一是建立评估制度,制定和发布相关政策,实施指南和规范;二是组织评估;三是负责解决技术上的问题,协同其他政府部门对政府购买服务的效率进行分析评估。总的来说,对政府购买服务效率的评估包括项目效率、项目属性、利益相关者这三大维度,要针对参与政府购买服务项目的利益相关者,来制订科学的、合理的、可操作的评价指标,再加以科学的评价。

(4)对社会组织的监管。

有同志指出,对社会组织每年都有进行年检和审计。首先,年检过程中有评估,先进社会组织、等级高的社会组织我们可以优先考虑,在择优的情况下,政府才能放心购买。其次,审计追踪管理中,有绩效评估,同时招投标、竞价、询价,多方式、多模式、多手段地进行,避免采购中政府资金未能发挥效益等情况的出现。这个体系的建立是一个过程,其中也需要信任制度。

九、购买风险及防范

会议普遍认为,政府购买教育服务的风险,主要是试点项目的推行会受到地方政策价值取向、思想观念、领导风格和主观判断、相关体制机制健全度、社会组织的资质等多方面影响。政府购买教育服务既要解放思想、转变观念,又要做好风险控制和风险应对工作。

(1)政府购买教育服务可能出现直接成本降低而间接成本增大的情况。

有的同志反映,政府指定的商品或服务的价格高于市场价格,虽在一定程度上减少了政府对公众的责任,也可能导致购买教育服务的选择和竞争得不到平等扩散。因此,要优化政府购买服务的多方审核监管机制,反映公众民意。

(2)政府购买教育服务可能会产生政府推卸责任的倾向。

也有同志反映,过去在购买服务中已经存在一些政府部门的行政机构不作为的情况,对于一些不应该完全由社会提供的职能也不了了之,从而造成监管的缺失。这既要求政府自身自觉,又需要体制机制创新,规划、落实政府购买教育服务的界限和规模,明确教育服务的购买范围和政府的职责范围。

(3)政府购买教育服务可能因为效率、成本等方面的要求和压力而违背教育的基本规律。

有的同志反映,政府购买服务的绩效评价有统一标准,有可能导致各校培养人才的同质化,与教育特别是高等教育培养创新人才的宗旨相悖。可以考虑将购买重点放在科研上,或者将购买放在办学特色建设上。

（4）政府购买教育服务可能会因为教育市场发育不完善或者出于培育社会组织的考虑，降低对教育服务质量和效益的要求。

要防止这种情况的发生，需考虑社会组织的对接能力，制定准入标准和审核机制，选择优质的社会组织提供服务。

（5）政府购买教育服务要防范演变为双重管理。

有的同志指出，有的省市政府习惯于将所有工作都自己来完成，或者交由附属行政机构或其他公办机构承担，而不愿出资向民办机构购买服务。教育行政部门不能向自身的事业单位去购买服务，即委托自己的内属机构和内设机构。一旦出现这种情况，反而增加了对服务对象的干扰，也极易导致寻租现象的出现，导致购买服务过程中暗箱操作，造成公共资源流失等问题的出现。因此需要明确范围界定，体制机制建设，甚至立法保证。

（6）政府购买教育服务的相关设计存在风险。

有同志认为，目前存在的问题是：一方面难以保障政府购买服务的公益性，另一方面也难以保障营利性组织取得合法效益。所以要转换观念，明确政府也可以向营利性组织购买。

此外，还有同志提出，国民教育服务实行购买可能存在意识形态风险、政策间断风险、国家层面对社会公共秩序管控的弱化风险。

十、推进步骤

会议普遍认为，政府购买教育服务的顺利开展和有效实施，首先要转变观念。要实现政府"以管理为中心"向"以服务为中心"的转变；实现操作规模"由单一的行政主导"向"教育公共事务参与主体的多样化"的转变；实现教育服务供给机构从"零散小规模"向"系统化、多维度、复合型"转变。

多数同志认为，目前政府购买教育服务实践领域进行得尚不充分，还处于基础阶段，我们可以考虑在清单制订、指导目录总结的情况下，针对成熟案例进行研究，结合各地实际情况和现实条件，选择较为成熟和有把握的项目进行积极试点，后续各项工作要稳步推进。

还有的同志提出，政府购买教育服务的开展，对政府本身的执行能力有很大的考验,包括公共部门的管理能力,每一级教育行政部门到底由什么样的机构来推行某个项目,应该有专门的人员来负责,尤其是在对其合同管理能力的提升方面。

SH 访谈：

在调研中,来自 SH 市政府部门、高校校长、专家学者、社会组织等都从不同视角研讨了目前 SH 市政府购买教育服务存在的问题,并对本课题研究提出许多建议。

(一)存在的问题

1. 教育专业机构的发展比较薄弱

目前,教育专业组织的发展还较薄弱,尚处于初级起步阶段。市场中缺少独立的、专业的教育机构是政府购买教育服务过程中碰到的突出问题。这正是在政府购买教育服务过程中参与招投标的教育专业机构较少,只能做到购买程序的公开公正,并不能真正发挥招投标比价、择优的应有之意。目前,最大的问题就是社会上教育专业机构的发展不成熟。另一方面,政府对于教育专业机构承担一些教育服务的能力持质疑态度,也担心公共财政经费进入教育专业机构易发生利益输送问题。

2. 购买服务中存在低价竞标问题

在与政府及学校合作,向学校提供教育服务的过程中存在的问题是:第一,向学校提供具体服务,与学校签订相关合同,但服务的验收方是政府。政府的要求与学校的需求存在不一致的情况。第二,短期的项目资金与长期的服务需求之间存在矛盾。政府下拨的项目资金可用的时间较短,但项目的运转是一个长周期的过程。第三,在购买服务的招投标过程中,一些机构存在低价竞标,恶性竞争的问题。

3. 教育服务产品的价格估算困难

在政府购买教育服务的实践中碰到了几个难点问题,一是承担教育服务供给的教育专业组织的行业准入标准还没有,无法保证教育专业机构提供教育服务的质量与效益;二是教育服务产品性质比较特殊,教育服务产品的价格如何估算,购买教育服务产品的价格如何确定。政府所需购买的服务产品的成本核算比较困难,绩效考核比较困难;政府确定每个购买服务项目的支出标准比较困难。

4. 政府购买服务的相关风险

20世纪末SH的高校开始实施高校后勤社会化改革。但近几年,出现了高校回购后勤管理的现象。因为这些社会上的后勤服务公司为了追求经济利益,降低成本,不定期维修校舍,不能为学生创造良好的生活和学习环境。

(二)相关的建议

1. 扶持教育专业机构的发展

市场中有成熟的、专业性强的教育专业机构,是政府购买教育服务的前提条件。因此政府要扶持社会组织的发展,让社会组织逐步成长为市场中的独立个体。

2. 明确政府购买教育服务的边界与内涵

研究政府购买教育服务,要理解有限政府的内涵与边界:哪些是政府应该做的,哪些是政府应让位的;政府、市场与社会之间的关系是怎么样的。"购买"这一概念的含义是什么。目前政府还不清楚要购买什么,哪些可以买;哪些不能转为市场,不能购买。

对政府购买高等教育服务中"政府""高等教育服务""购买"三个概念边界的界定是课题研究的基础。高等教育服务的产品性质与政府责任是政府购买高等教育服务的前提所在。

购买服务的前提之一是对政府清单的研究,建议进入微观场景,对政府购买服务与政府职责清单相结合进行深入研究;购买服务和体制改革密切相关,可购买与不可购买之间的边界需不断认清;课题研究中政府的边界在哪里,一些事业单位并不是政府部门,但承担了政府的相关行政职能。一些主体既可以是购买主体,也可以是承接主体。比如教育科学研究院,对于教委而言是承接主体,但对于其他部门,就可能是购买主体了。

3. 政府购买高等教育服务的可能内容

政府可能购买以下内容的高等教育服务:①职业教育中的中高职教育服务;②农村的转岗再就业培训;③西部支援的相关服务;④复原转业军人等教育培训;⑤高等教育的行业管理服务;⑥高等教育的论证与评价服务;⑦文化体育服务,高校的体育设施向社区开放;⑧终身教育、老年教育、社区教育服务;⑨课题研究服务。

政府应购买的教育服务应是公共教育机构承担不了、做不好、不愿意去做的事项。政府购买高等教育服务的突破口和领域可能在于那些崭新的领域、不成熟的领域、相对较弱的服务领域、政府没有精力做的服务领域,比如政府购买高等院校的智库建设服务。

购买教育服务要注意与教育的特殊需求、教育规律结合起来。如何根据不同类型教育服务的内涵来制定购买服务的体系,是需深入研究的问题。购买服务是财政、税收、民政、工商、教育部门共同形成合力的过程。

ZJ访谈:

此次调研的座谈会中,许多同志反映政府在购买教育服务的实践中遇到很多问题,同时还提出了许多建议。总的来说,一是观念尚未转变,各级教育行政部门都拥有各自所属的事业单位,习惯于委托这些事业单位直接提供教育服务,对政府向社会购买教育服务的积极性不高。二是配套的体制机制尚未建立。缺乏有效的竞争机制,竞争力不够,购买行为"内部化"问题比较普遍;社会组织浓重的官方色彩也导致政府购买教育公共服务频发"志愿失灵"的现象。

1. 关于购买内容

第一,政府购买教育服务尚处于摸索的初级阶段,经验不足,理论依据和指导思想不明确,尚未出台配套性政策文件和指导性目录。

第二,政府购买教育服务的概念不清晰,购买内容和相应的规范并未理清。例如,政府的职能范围、政府可直接提供的服务内容、政府可间接购买的服务内容并不清楚。

第三,对于政府购买教育服务的观念尚未转变。政府财政生均拨款、科研经费属于教育投入还是购买教育服务;从食品安全的角度,后勤服务是否需要购买;对大学生创新创业教育的扶持扶助是否需要购买。为此,政府尽快出台相关政策制度及法律法规,明确规范政府购买高等教育服务的概念、内容、标准、要求等,科学制定政府购买高等教育服务清单,形成公正合理的政策环境,并将目前已有的探索性、实践性经验纳入其中。政府只承担应该提供的公共服务,其他服务则可采取谁受益谁买单。

2. 关于承接主体

目前,能够承担政府购买服务的社会主体存在的主要问题表现在:一是发育不成熟,力量较为薄弱,专业性不强,资历尚浅。二是供应主体不多,竞争性不足,尤其是高精尖服务的供应主体欠缺。三是已创建的购买服务平台或组织,过分依赖政府经费,缺乏自我生长能力。

政府应主动培育和推进教育相关中介组织,通过资助和优惠政策鼓励教育中介组织的发展,并建立长效机制。对社会培训机构要建立相关行业准入机制和专业资质审查制度。

3. 关于购买方式

从公平和质量的角度而言,购买服务招投标存在信息透明度不高,"低价中标"的质量保障、合理程度、购买风险等问题。从效率的角度而言,若以"最低价中标"为原则,仍会产生承接主体最终提供的服务达不到标准的问题,而这实际上会造成不必要的资源消耗。此外,在互联网+时代、大数据时代影响下,信息、产品及服务更新换代速度非常快,许多创新领域、高精尖领域遇到程序复杂且时间较长的采购流程,会影响到产品或服务的研发、投放时间和使用效率。应建立信息公开平台,建立公平、公正的招标信息发布制度。对于创新领域的高精尖项目可适当精简采购流程,避免因用时过长、价格和效用变动过快影响产品或服务的研发和投放。

4. 关于购买教育服务中的资金管理

一是由购买高等教育服务产生的资金进入高校的形式多样,造成管理混乱,增加资金监管难度。有的按"收支两条线"的要求上缴预算外资金财政专户,然后再申报下达预算指标,纳入国库集中支付管理;有的则直接由财政部门下达国库用款计划指标;还有的开设"特设专户"进行规范管理。二是财政部门按公共财政资金的管理模式对此类资金进行监管,造成项目支出困难。承接项目的校内人员劳务费开支占用绩效工资总额,大大影响了项目组成员的积极性,迫使以费用报销形式来取得原来应得的报酬,容易滋生违法乱纪行为。三是在国库集中支付制度下,为项目提供各类服务无法得到补偿,影响了学校正常的经费使用。由于财政部门无法实行"政府购买高等教育服务"项目经费指标与学校日常办学经费指标之间的调整,也不允许项目经费结算转回单位基本存款账户,致使学校为项目提供的仪器设备,日常水、电消耗,有关管理费用等无法得到补偿,影响了学校正常的经费运行,也使得项目经费中该付的费用无法支付,影响项目结题。四是有些"一刀切"的财政管理政策制度,一定程度上影响了高校承接"政府购买高等教育服务"的能力。如不允许报销教职工提升学历教育费用,规定各类业务培训费标准为380元/天,项目组临时聘用人员工资(含社保)3000元/月,出国经费总量控制等适用于政府机关单位的财政管理,对于高校这一特殊的办学主体造成了很大的困扰。

针对上述情况,几位代表也建议从以下几个方面改进购买高教服务的资金管理方式:一是明确界定"政府购买高等教育服务"的范畴,理清资金拨付方式,以便于财政部门及承担单位进行统一管理。二是由过程管理转向结果管理,加强绩效考评,充分利用市场机制赋予承担单位经费使用自主权。三是按所承担项目的实际情况据实列支费用,不人为设定比例,承担单位财务部门及财政部门按照财务制度及相关法规监督其经费使用的合理合法性。四是规范资金管理,避免与公共财政资金混淆。建议重大的项目设立由财政部门为项目承担单位开设的专门用于接收、使用和核算项目经费的"特设专户"进行规范管理,财政国库动态监控管理;非重大项目,如地方政府的项目,经费可直接打入项目承担单位的基本存款账户,由承接单位按国家政策制度进行分项目核算管理。

5. 关于购买服务的定价标准

一方面是政府购买高等教育服务涉及人才培养或培训,由于政府、社会、高校、民众等各个利益群体所持的标准不同,难以确立统一标准。另一方面是教育项目,如科研、培训、创业教育项目相对容易计价,而教育管理服务和高精尖服务价格难以界定。在实际操作过程中,反映出购买服务的价格高低与财政状况好坏密切相关,缺乏明确规范和长效机制。

6. 关于监管机制与质量评估

政府购买的培训项目中,过程监管存在较大问题,比如,政府通过招投标的形式采购设备或服务后,反而价格会更高。过程监管以及结果评价,要上升到政策法规的高度,考虑建立长效机制来规范政府和市场各自的义务和权利,是当前进一步提高政府治理能力的重要途径,也有利于基层科学规范操作。

7. 关于民办学校在购买教育服务中的角色与地位

(1)就现有民办高校而言,在政府政策扶持力度、财政经费投入比、社会认可度等方面,尚未与公办高校处于一个公平竞争的地位。同样为国家培养人才做贡献,同样的产出、绩效和服务,政府的资金投入相差甚远。政府实行绩效工资制多年,但目前仍然是"身份制"资金投入方式,从购买服务的市场化思路而言,并不公平。

(2)高校的社会资源配置通常根据地位来考虑,民办高校资金来源不足,缺乏甚至没有能力和资格参与为政府提供服务的行列中去。从国家层面上考虑如何通过购买服务的形式给予地方民办高等教育更多的支持,民办高校才有可能提升自我实力,才有可能和有能力参与购买高等教育服务的竞争,才有实力培养人才,服务地方经济。

CQ访谈:

1. 存在的主要问题

(1) 购买内容有待明确。从《国务院办公厅关于政府向社会力量购买服务的指导意见》的内容来看,教育、卫生、社保等是推进政府购买服务的重点领域,但教育领域中哪些具体项目可以通过政府购买服务来实施还不明朗。

(2)购买程序尚需规范。当前,我们国家有《中华人民共和国政府采购法》《中华人民共和国招投标法》等法律规定,也有财政部印发《政府购买服务管理办法(暂行)》,对购买程序进行要求,但政府购买服务有一些项目不适合公开招标,从重庆市政府采购实践来看,程序太复杂,时效性不高。

(3)合同管理能力需进一步提升。对教育服务合同的有效管理是政府购买教育服务得以实现的基础和保障。推进政府购买服务后,各方面社会资源进入教育领域,面临体制内如何管理体制外,原有的管理体制内单位和人员的管理模式将面临挑战。

(4)绩效评价机制亟待健全。财政资金的使用都要追踪问效,教育绩效的特点是短期不易显现,部分项目不好量化。目前确定项目的指标体系、项目建设绩效评价体系还不完善,已有的一些绩效评价的指标体系往往没有突显行业特点。

2．问题产生的主要原因

(1)对政府购买高等教育服务的意义认识不一。受政府直接向公众提供服务的惯性思维的影响,一些部门对社会力量的作用存在疑虑,对政府、高校、社会力量三者关系和职能定位的界定还缺乏深刻认识,普遍担心此举会削弱政府的权威和资源,求稳怕变,固守怕乱,导致推进政府购买教育服务的步子不大、办法不多、积极性不高、动力不足。

(2)购买教育服务的政策环境还不完善。在教育领域,明显缺少推进政府购买服务的顶层设计,目前还没有全局性、专业性、制度性的措施出台,特别是对教育部门应该在哪些领域、以什么方式向社会力量购买服务、如何对社会力量的服务进行监管和评估等,都还没有形成制度设计和政策保证。

(3)教育中介组织力量还比较薄弱。总体而言,我国教育中介组织的数量较少,规模较小,还没有形成专业的教育服务的"生产者市场",教育中介组织的发展依赖于政府的扶持,离不开公立学校的"母体",教育中介组织自身发展缺乏来自内在和外在的发展动力等。

3. 建议

在调研的过程中,重庆市有关部门和专家学者对如何建立我国政府购买教育服务机制建言献策,提出了许多宝贵的建议。

(1)提高思想认识,理清政府职能。要加强对十八届三中全会精神的学习,进一步提高对政府购买教育服务重要意义的认识,把社会能够提供的服务尽可能地交给社会力量来承担。同时,要理清政府在教育服务供给中的边界、职责、定位,避免政府在提供公共服务职能上的角色弱化。

(2)明确高等教育公共服务的购买范围。针对高等教育的特点,政府购买高等教育服务的范围可以突出在以下几个方面。

一是人才培养方面。通过建立公办(民办)高校财政补助机制,以此为杠杆吸引社会资金投资办投资,增加高等教育供给;引进国外优质教育资源;学生竞赛活动、实践活动的组织实施;购买"厌恶岗位"所需的专业人才,解决岗位供需矛盾等。

二是高校教师队伍素质提升方面。面向社会开展高校教师教学能力、科研能力的提升工程,建立教师培训基地,推进教师资源优化配置,提高教师的业务能力和专业水平。

三是科研与技术性服务方面。例如,科研和技术孵化推广、行业规划、行业调查、监测服务、会计审计服务等领域适宜由社会力量承担的服务事项。

四是高校实验实训建设方面。探索将职业教育的实训基地建设在企业,政府出钱买设施设备,政府、企业、高校约定服务数量与质量;高校部分实验室也可做这样的探索。

五是履职监督管理方面。例如,项目评审、办学评估、资金绩效、法律服务、课题研究、政策(立法)调研草拟论证、战略和政策研究、综合性规划编制、标准评价指标制定、社会调查、监督检查、工程服务、咨询、信息化建设与管理、后勤管理等领域中适宜由社会力量承担的服务事项。

(3)大力培育教育公共服务市场。为促进政府购买教育服务的常态化、机制化,各级政府必须大力培育公共教育服务市场,形成政府、社会与公民共同举办教育、共同竞争公共财政教育资源的局面,激活现有公办教育公共服务体系,把高等学校公共教育服务推向市场,向各类社会组织开放教育公共服务,向企业法人开放教育公共服务。

(4)完善购买教育服务运行机制。一是要深入推进教育管办评职能分离。实行管办评职能的分离与工作的同步协调,实现分与合的有机统一。

二是紧紧抓住合同管理这根弦。合同管理是政府购买服务管理的关键手段。购买社会组织教育服务,面临如何管理体制外单位和相关人员,合同成为管理的依据。这就要求教育行政部门要注重内部职能调整、完善,实现法律和专业的深度融合。

三是合理设计购买教育服务程序。设计购买程序要体现公平、公正,但在制定具体的操作程序时要考虑到教育的特殊性,要宽严适度、繁简相宜,过度地、完全机械地强调程序性,容易导致工作效率低下,难以达到教育服务效果。

四是构建多层次绩效评价机制,实现绩效评价常态化。逐步健全科学的项目评估标准和评估方法;建立由购买方、承接方、使用方共同参与的绩效评价体系;既包括对社会组织服务质量的评估监督,也包括对政府相关部门的监督;建立服务项目的动态管理。

此外,专家学者还建议教育部牵头出台全国教育系统政府购买指导意见,明确可购买内容,统一操作程序,构建评估评价指标体系。

SX 访谈:

从课题组调研看,政府购买教育服务,特别是政府购买高等教育服务,在 SX 是刚刚起步,还只是初步尝试。到 2020 年,要基本建立起较完善的政府购买服务制度,在 SX 建立起政府购买教育服务的制度体系,主要存在以下矛盾和问题。

1. 对政府购买教育服务重要意义的认识问题

尽管党中央、国务院和 SX 出台了一系列文件,但包括教育部门自身在内的相关部门和高校、社会力量等各方面的一些同志,对政府购买教育服务的重要意义和实施方式仍然缺乏认识,对政府、高校、社会力量三者关系和职能定位的界定尚未理清。政府直接向公众提供服务的习惯思维定势一时难以转变。普遍担心政府购买服务会削弱政府权威和资源,求稳怕变,固守怕乱,导致推进政府购买教育服务的步子不大、办法不多、积极性不高、动力不足。

2. 政府购买教育服务的制度性措施亟待完善

对于购买教育服务的政策环境而言,还没有形成完善的政策支持体系,教育领域内明显缺少推进政府购买服务的顶层设计,目前还没有一项具有全局性、专业性、制度性的措施出台。特别是对教育部门应该在哪些领域、以什么方式向社会力量购买服务,如何对社会力量的服务进行严格监管和科学评估等,还没有形成制度设计和政策保证。

3. 政府购买服务的范围、资金规模有待扩大

一是目前购买教育服务的范围仅限于一些常规性、事务性、辅助性、临时性的工作,主要是帮助政府部门处理一些咨询参谋、评审评估、检查调研类工作,只是对政府日常管理力量不足的一个补充,仍然是教育行政管理工作的延伸,且大多限于政府定向委托,作用类似于政府部门的辅助。而参与政府宏观教育规划、教育事业和学校发展重大项目、教育改革发展核心决策,作为一种具有专业资质、以第三方独立机构面貌出现,通过市场竞争机制为政府独立提供教育服务的领域和范围亟待进一步拓展。二是政府购买教育服务中仍然存在教育资源分配不公平,地域结构不合理,有些地区高等教育资源不足等情况。三是目前政府用于提供基本公共服务经费的一部分,其他方面的资金还未纳入购买范围,资金渠道单一,总量偏小,而且政府购买教育服务的资金渠道不畅。

4. 承接服务项目的社会组织自身能力亟待提高

目前,由于第三方社会组织普遍存在市场发育不成熟和承接能力不足的问题,一些可以向社会购买教育服务的事项难以找到合适的承接者。许多社会组织内部结构不健全、实力弱、规模小、资源少、高素质专业人员缺乏,因此对承接政府购买教育服务心有余而力不足。加之一些社会组织服务意识和

服务水平较低,规制力不强,公信度不高,不能得到社会和服务对象的认可。另外,目前政府购买教育服务大多是针对一时或一事的暂时性政策,缺乏支持社会组织长远发展的配套政策和相关支持措施,不利于社会组织健康发展。

5. 政府购买服务的监督和评估机制亟待健全

政府作为出资者向社会力量购买教育服务,既要对服务项目的实施过程进行监管,也要对完成的服务项目进行绩效评价。但从目前情况来看,服务过程的监督机制和事后的评估机制还很不完善,政府购买高等教育的监督主体权职不清,监督不力,缺乏专门机构在服务过程中对其服务质量和服务效果进行监管,没有形成独立的第三方评估机制,过程监督和绩效评估比较薄弱。

通过调研,尤其是听取了省教育厅、财政厅、民政厅、工商局及有关处室同志的发言,与省内一所"985"大学、一所省重点大学等高校专家进行座谈及考察,汇总大家对政府购买教育服务的具体建议如下。

(1)准确把握购买主体,解决好"谁来买"的问题。一是提高思想认识。要加强对十八届三中全会精神的学习,进一步提高对政府购买服务重要意义的认识,熟悉和掌握政府购买服务的政策措施和具体要求,提高执行政策的自觉性和工作水平。明确政府机关是购买服务的主体,正确对待利益格局的调整。二是完善工作机制。政府购买服务工作涉及财政、民政、审计、监察等一大批职能部门,是一项系统工程。建议设立省政府推进政府购买服务工作联席会议制度,加强组织领导、政策支持、财政投入和监督管理,明确分工,落实责任。三是加强顶层设计。结合"十三五"教育改革发展规划,从本省教育改革发展的实际出发,尽快制订推动政府购买教育服务的实施意见和操作性强的配套措施。

(2)合理确定购买范围,解决好"买什么"的问题。在公共服务需求多样化的形势下,突出购买教育服务项目的公共性和公益性。建议各级政府允许财政资金购买民间资本、社会组织、企事业单位提供的以下领域的教育公共服务:教育决策阶段的调查研究、决策方案的拟定等;教育信息化服务;教师培养培训;教育教学改革专业服务;各种检查评估事项;就业培训;职业技能发展等。

(3)积极培育市场主体,解决好"向谁买"的问题。一是要结合事业单位分类改革,培育和打造一批符合市场机制、独立承担社会服务的新型社会组织,形成政府、社会与公民共同举办教育、共同竞争公共财政教育资源的局面,建议激活现有公办教育公共服务体系,把高等学校公共教育服务推向市场。二是加大政府扶持力度,充分发挥高校、事业单位和社会组织在社会服务中的特长和优势。积极培育高校高端人才和研发团队,集结省内高校优势资源,打造高校智库研发团队,充分发挥高校服务政府决策和社会发展的职能,为政府购买高端高等教育服务奠定基础。三是严格选择承接主体。放宽购买对象投标准入条件,严格审核投标单位资质。如购买社会审计服务方式根据实际需要可以采用审计项目整体委托社会中介审计机构实施、混合审计及聘用社会审计人员参与审计项目的形式,并利用好社会审计中介机构备选库这一平台,建立考核淘汰制度,防止权力寻租和暗箱操作,建立考核机制和定期进入退出机制。

(4)健全工作运行机制,解决好"怎么买"的问题。一是保障资金投入。设立政府购买服务专项资金,重点用于向社会力量购买服务、扶持公益性社会组织、对社会服务项目实施监管、对经第三方评估和服务对象评价遴选出的优秀社会组织给予奖励等。二是拓宽购买模式。积极探索以竞争性购买为主的购买模式,从目前定向委托为主逐步拓展到公益创投和公开招标等多种模式,同时可采取项目委托、契约管理、费随事转的方式。三是制订工作流程。围绕委托管理或招投标管理、合同规范、质量控制、监督评估、绩效考核等环节制订相应标准,逐步建立科学合理、协调配套的购买服务体系。

(5)完善监督评估机制,解决好"买得值"的问题。一是坚持信息公开,建立健全政府购买服务信息平台。二是加强过程管理。强化部门责任,加强成本效益分析,注重结果应用,不断提高政府购买教育服务的效益。三是严格绩效评价。建立由购买主体、服务对象及第三方组成的综合性评审机制,对购买服务项目数量、质量和资金使用绩效等进行考核评价。构建科学的高等教育服务购买评价体系,设立教育服务的基本质量标准,根据教育服务的性质、类型和实践具体情况将其转化为可操作、可评估的数量化指标体系。四是鼓励民办高校参加省民政厅组织的社会组织登记评估工作,通过"以评促建",加快形成政社分开、权责明确、依法自治的现代社会组织体制。

附录C 北京市教育委员会关于政府购买公共教育服务的实施方案(试行)

为贯彻落实国务院、北京市关于向社会力量购买服务有关文件精神,推进我委政府购买公共教育服务工作,加强政府购买公共教育服务资金管理、规范政府购买公共教育服务工作的实施,结合我委工作实际,经研究制定北京市教育委员会政府购买公共教育服务的实施方案(试行)。

一、工作目标

进一步转变政府工作职能,创新公共服务供给模式,自 2016 年起,逐步推进我委政府购买公共教育服务工作,根据实际情况,逐步加大政府购买公共教育服务支出比例,扩大政府购买公共教育服务的范围和规模,更好地发挥市场在资源配置中的决定作用;逐步完善和规范政府购买公共教育服务工作机制和工作程序,提高财政资金的使用效益。到 2020 年,基本建立政府购买公共教育服务工作体系,形成与经济社会发展水平相适应的、符合我市教育事业改革发展方向和社会公众对公共教育服务需求的政府购买公共教育服务的工作机制,不断提升政府购买公共教育服务质量。

二、购买主体

购买主体包括北京市教育委员会机关和教委所属参照公务员法管理的事业单位,其他市教委所属预算单位使用财政性资金购买公共教育服务参照执行。

三、承接主体

承接主体包括依法在民政部门登记成立或经国务院批准免予登记的社会组织,按事业单位分类改革应划入公益二类或转为企业的事业单位,以及

四、购买公共教育服务的主要内容

根据市财政局《北京市 2016—2017 年市级政府向社会力量购买服务指导性目录》内容,结合我委工作实际,"十三五"期间市教委机关和各预算单位政府购买公共教育服务的内容是:符合我市教育事业改革发展方向和社会公众对教育服务的需求,适合采取市场化提供、社会力量能够承担的公共教育服务,具体包括以下内容。

(一)特色教育教学课程开发、引入与实施。 指挖掘、整合高校、科研机构、企业等社会资源单位的各类教育教学资源,为学生提供更丰富的教育教学课程和活动,包括:

1. 初中开放性科学实践活动课程的组织与实施;
2. 中小学引入民办学校特色、优势课程的组织与实施;
3. 基础教育特色校本课程资源开发与实施;
4. 高校、社会力量参与中小学体育美育发展工作的组织与实施;
5. 学生健康教育工作的组织与实施;
6. 学生国防教育和军训教育教学工作的组织与实施;
7. 中小学创新型阳光体育运动推广工作的组织与实施;
8. 优秀连环画和少儿影片等德育课程资源开发与实施;
9. 中高职学生创新创业教育课程的组织与实施;
10. 职业院校引进国外先进国家职业教育课程的组织与实施;
11. 学生法治教育培训课程开发和组织实施。

(二)学生体育、艺术等校外竞赛和活动的组织与实施。

1. 大中小学生运动会、篮球、排球等阳光体育运动项目的竞赛及活动的组织与实施;
2. 大中小学生校园足球、冰雪运动的竞赛及活动的组织与实施;
3. 民族艺术进校园、高雅艺术进校园、大中小学生艺术节、学生演出季、国际青少年艺术周等活动的组织与实施；

4. 学生科技节、科普进校园、中小学创客秀等学生科技竞赛及活动的组织与实施；

5. 学生法治教育竞赛、活动的组织与实施；

6. 阳光少年等校外系列活动的组织与实施；

7. 中小学生语言能力提升竞赛、活动的组织与实施。

（三）教育政策宣传与推广。 指利用各类新闻媒体和各种宣传形式对北京市重大教育改革政策、方案、教育教学方式方法、教育管理体制改革等进行宣传、发布，包括：

1. 重大教育改革方案的宣传推广；

2. 重大教育教学方式方法的宣传推广；

3. 重大教育管理政策的宣传推广；

4. 教育服务信息、教育资讯的发布等。

（四）国际教育交流活动的组织和实施。

1. 大中小学生（含外籍和港澳台侨学生）在中国境内的中国文化体验活动的组织与实施；

2. 境外及港澳台师生来京交流活动的组织与实施；

3. 赴境外开展学生体育、艺术、科技等国际交流活动；

4. 赴境外参加中外学生技术技能大赛等文化交流活动。

（五）学生就业创业服务。

1. 大学生创业园综合运营管理服务；

2. 大学生创建企业初期及运转所需的法律、金融、社会保险、财务等咨询服务；

3. 中高职、大学生就业创业培训、指导服务；

4. 高校毕业生档案托管服务。

(六)公益性教育活动组织和实施。指面向社会的、不以营利为目的的各类教育活动的组织与承办实施,包括向社会公众提供的语言文字教育活动,如市民语言文化大讲堂等。

(七)其他适宜由社会力量承担的公共教育服务事项。

五、购买计划

各单位开展公共教育服务中适合采取市场化提供、社会力量能够承担的公共教育服务均应做到"应买尽买"。对于新增的公共教育服务内容,凡适于以购买服务实现的,原则上都应通过政府购买服务方式提供。对应当由单位直接提供、不适合社会力量承担的公共教育服务,以及不属于政府职责范围的公共教育服务项目,不得向社会力量购买。

六、购买方式

按照《中华人民共和国政府采购法》《中华人民共和国招投标法》等管理办法的相关规定,达到政府采购限额标准的政府购买公共教育服务项目,应采用公开招标、邀请招标、竞争性谈判、单一来源采购、竞争性磋商等方式确定承接主体,严禁转包行为。对于未达到政府采购限额标准的政府购买公共教育服务项目,可以按照"公平、竞争、择优"的原则,按照单位内部采购管理规定执行。各购买主体单位要按照合同管理要求,与承接主体签订合同,明确所购买公共教育服务的范围、标的、数量、质量等要求,以及服务期限、资金支付方式、权利义务和违约责任等。

达到公开招标限额标准的,须履行公开招标程序;未达到公开招标数额标准以及经批准采用非招标方式采购的项目,按照市财政局《政府采购非招标采购方式管理办法》等规定进行采购。

七、资金管理

政府购买公共教育服务所需资金坚持"以事定费"的原则,按照现行预算管理办法列入各购买主体单位的部门预算,统筹管理。各预算单位应加强政府购买公共教育服务资金的管理,提高政府购买公共教育服务资金的使用效益,按照市财政局关于《北京市市级政府向社会力量购买服务预算管理办法》的要求,认真开展政府购买公共教育服务资金的预算编制、预算执行等各项工作。

八、信息公开

对于政府购买公共教育服务项目,除按政府采购有关规定公开采购信息外,各单位还应就确定购买公共教育服务的采购需求在中国政府采购网、北京市政府采购网上征求公众意见,并将验收结果于验收结束之日起2个工作日内向社会公告。

九、监督检查和绩效评价

各单位应建立健全监督检查机制,做好对政府购买公共教育服务工作的全过程监督。

各单位应按照绩效评价管理有关规定对本单位政府购买公共教育服务项目实行绩效评价,并将绩效评价结果由单位内部逐步向社会公布,接受单位内部人员和社会的监督。

各单位要配合市财政局、市审计局对政府购买公共教育服务重点项目的监督检查和绩效评价,并将监督检查和绩效评价结果作为以后年度选定政府购买公共教育服务项目承接主体、安排项目预算资金的依据。

(北京市教育委员会2016年9月27日发布,自2016年11月9日起施行。)

附录 D　政府向社会力量购买学前教育服务实施方案

根据《国务院关于当前发展学前教育的若干意见》(国发〔2010〕41号)、《国务院办公厅关于政府向社会力量购买服务的指导意见》(国办发〔2013〕96号)和我省《关于政府向社会力量购买服务的实施意见》(浙政办发〔2014〕72号)等文件精神,按照《浙江省政府购买服务工作联席会议办公室关于进一步深化政府购买服务改革试点工作的通知》(浙政购买办〔2016〕1号)要求,"学前教育普惠性服务项目"列为深化我省政府购买服务改革试点项目之一。经对照省委"补短板"有关学前教育的要求,为大力推进学前教育普惠化,制定本实施方案。

一、指导思想

按照党的十八届三中全会有关精神和国家、省有关政府向社会力量购买服务的指导意见和要求,积极推进教育行政管理体制改革,进一步转变政府职能,加快服务型政府建设,规范政府购买教育公共服务行为,推动教育公共服务均等化、社会化发展,提高政府履行教育职能的效能,促进全省教育事业更快更好发展。坚持学前教育公益性和普惠性原则,通过教育行政部门向有资质的普惠性民办幼儿园、企事业单位及其他组织举办的幼儿园等购买学前教育服务的方式,扩大普惠性学前教育资源,促进学前教育均衡优质发展,以满足人民群众方便入园、就近入园的需求。

二、工作目标

通过政府购买服务,完善学前教育生均经费补助机制,优化学前教育资源供给,进一步健全我省学前教育公共服务体系,促进学前教育均衡优质发展。

三、购买主体

县(市、区)人民政府教育行政部门。

四、承接主体

经教育行政部门批准设立的普惠性民办幼儿园、符合条件的企事业单位和其他组织举办的幼儿园。其中,普惠性民办幼儿园应办园行为规范,收费合理,符合普惠性民办园基本认定条件;企事业单位和其他组织举办的幼儿园面向社会提供参与政府购买的学位资源,收费应参照普惠性民办园执行。承接主体的具体资质和条件,由购买主体会同同级财政部门根据当地实际确定并公布。

五、购买内容和价格

政府购买学前教育服务的购买内容,主要为学前教育学位资源。教育行政部门根据合同约定的服务数量、质量和绩效考评结果,以生均经费补助形式向承接主体进行购买。对普惠性民办幼儿园,现阶段各地可以当地同类公办幼儿园生均公用经费标准为购买服务参考标准,以后随社会经济发展适当调整。具体由各地根据实际确定。

六、购买程序

政府购买学前教育服务按以下程序进行:

1. 编制年度购买计划。教育行政部门购买学前教育服务原则上按照部门预算和政府采购的程序、方式组织实施。由县(市、区)教育行政部门申报年度购买计划,经同级财政部门同意后组织实施。

2. 公开公示。购买学前教育服务计划和预算经同级财政部门审批后,购买主体主动向社会公开相关信息。公开的信息应当便于承接主体选择购买项目。

3. 实施购买。根据《政府采购法》相关规定,采取公开招标、邀请招标、竞争性谈判、单一来源采购、询价等方式确认承接主体。确定承接主体后,购买主体需向社会公布有关幼儿园名单、购买项目、收费标准等,并报同级财政部门备案。

4. 签订合同。承接主体确定后,由购买主体和承接主体签订购买合同,明确购买服务的范围、标的、数量、质量要求、期限、资金支付方式、绩效目标和绩效考评方式、双方的权利义务和违约责任等。

5. 组织实施。合同一经签订,合同双方即按约定事项组织实施,并按合同约定支付资金。购买主体对项目实施进行全过程督导检查,组织开展项目绩效评价。

七、职责分工

1. 财政部门负责审核审批购买主体报送的购买计划、资金预算,并安排项目资金。

2. 购买主体按照购买项目建立健全制度措施,对购买项目工作程序、相关要求作出明确规定。在实施购买项目中,负责编制购买计划、制定项目绩效目标,审核承接主体资质和购买申请,与承接主体签订购买合同,督导检查合同执行,协调支付购买资金,组织实施项目绩效考评工作。

3. 承接主体负责做好项目实施,按照合同要求提供学前教育公共服务,提供绩效评价相关材料,做好绩效评价配合工作。完善内部制度,按国家政策规定和岗位绩效考评情况落实好保教人员工资和社会保障待遇。

八、资金管理

1. 政府购买学前教育服务所需资金,应当在年度既有财政预算中统筹安排。县(市、区)教育行政部门和财政部门要及时组织开展政府购买服务工作,严格遵守相关财政财务管理和政府采购规定,加强对政府购买学前教育服务的监督检查,确保政府购买学前教育服务资金规范管理和使用,不得截留、挪用和滞留资金。

2. 建立政府购买学前教育服务信用档案和承接主体退出机制。对在实施过程中,提供服务的幼儿园不符合合同规定等情况的,记录信用档案,作为下一年度政府购买服务项目竞标的参考依据,情节严重的,不得入围。出现弄虚作假、冒领财政资金等违法违规行为的,3年内不得参与政府购买学前教育服务。

3. 在政府采购学前教育服务过程中的违法违规行为,按照《财政违法行为处罚处分条例》有关规定追究法律责任。涉嫌犯罪的,依法移送司法机关。

4. 加强基础工作,做好基础数据的管理,建立并完善幼儿基本信息台账制度,保证相关信息的真实性和准确性,防止弄虚作假骗取政府补贴的行为发生;加强资金拨付使用情况的监控,加强财务审计,确保公共财政资金安全拨付、高效使用。

九、绩效管理

1. 县(市、区)财政部门应将教育行政部门购买学前教育服务资金纳入财政资金绩效管理体系,建立绩效评估办法,加强绩效管理。

2. 县(市、区)教育行政部门应建立健全内部监督管理制度,按规定公开购买学前教育服务相关信息,自觉接受社会监督。提供普惠性服务的幼儿园应当健全财务报告制度,并由具有合法资质的注册会计师对财务报告进行审计。

3. 建立健全由购买主体、服务对象及第三方组成的综合性评审机制,对购买学前教育服务项目数量、保教质量和资金使用绩效等进行考核评价。评价结果向社会公布,并作为以后年度编制购买服务预算的重要依据。

十、组织保障

各级教育、财政部门要加强组织领导,强化分工协作,按照各自职责制定和完善相关制度措施,做好协调沟通工作,通过政府购买学前教育服务,完善学前教育生均经费补助制度,坚持公益性、普惠性原则,切实解决当前学前教育发展中存在的瓶颈问题和突出问题,争取用3年左右时间在全省建成以普惠性幼儿园为主体的学前教育发展格局,满足城乡幼儿就近入园的需要。

附录 E　重庆市教育委员会 重庆市财政局
　　　　关于推进政府购买学前教育服务的通知

各区县（自治县）教委（教育局）、财政局：

　　为引导社会力量积极参与公益性普惠性学前教育公共服务，进一步缓解幼儿园"入园难、入园贵"问题，根据《重庆市政府购买服务暂行办法》和相关规定，现就推进政府购买学前教育服务工作有关事项通知如下。

一、充分认识政府购买学前教育服务的重要意义

　　目前我市已基本构建起"广覆盖、保基本、多形式、有质量"的学前教育公共服务体系。但由于城镇化进程不断加快，加之底子薄、起步晚，学前教育仍是全市教育体系中的"短板"，不同程度地存在着普惠性资源供给不足、公办民办结构不优、师资队伍量少质弱、保教水平整体不高等问题。为充分发掘现有资源潜力，鼓励社会力量兴办学前教育，引导更多民办园进入普惠行列，更多更好地为社会提供公益性、普惠性学前教育服务，积极推进政府向社会力量购买学前教育服务势在必行。通过推进政府向社会力量购买学前教育服务，可以不断探索发展学前教育的新模式、新路径，创新政府教育资金管理使用方式，提高教育公共服务供给的水平和效率。

二、积极稳妥推进政府购买学前教育服务工作

　　政府购买学前教育服务是指政府运用财政资金向社会力量购买学位资源、保教岗位等，更好地向适龄儿童提供公益性普惠性学前教育服务。

　　（一）购买主体

　　区县（自治县）教育行政主管部门。

　　（二）承接对象

　　在教育行政部门批准的普惠性民办幼儿园、具备后勤服务资质的机构、

具有教师培训资格的机构等。还应同时具备下列条件：

1. 组织机构健全,内部管理和监督制度完善。

2. 具有完备的财务管理、会计核算和资产管理制度。开有对公账户,规范使用票据。

3. 具备必要的场地、设施、人员和专业技术能力。

4. 具有良好的社会和商业信誉,在参与政府购买服务的前3年年检或审查合格,无重大违法违规记录,无重大安全责任事故。

5. 法律、法规规定以及购买服务项目要求的其他条件。

承接对象的具体条件可由各区县教育行政部门会同同级财政部门根据以上原则、购买服务的实际需要和相关规定确定。

(三)购买内容

各地根据当地学前教育实际,在以下范围内选择符合实际的购买服务项目,也可自行设定项目。

1. 学位资源。在公办幼儿园学位资源不能满足社会需要的地方(尤其是人口众多的城区),教育行政部门向民办幼儿园购买学位资源,民办幼儿园应按照公益性、普惠性原则,按照教育行政部门确定的规则接收适龄儿童入园,并享受普惠性幼儿园公用经费补助。

2. 管理服务。由政府出资新建、利用闲置校舍和其他公共资源改扩建的幼儿园,通过公开招标,择优竞选社会力量将其办成普惠性民办幼儿园。

3. 保教岗位。购买主体结合当地经济发展水平,对公办普惠性幼儿园给予适当补助,合理保障保教人员相关经费,对有条件的区县(自治县)可给予民办幼儿园相应支持。

4. 后勤服务。通过政府采购,为公办、民办幼儿园,向企业、中介机构等社会力量购买幼儿园基础设施管理与维护、物业管理、校园安保等服务。

5. 培训服务。通过购买有相应培训资质的培训机构、师范院校教师培训服务,为公办、民办幼儿园开展园长、专任教师、财务人员、后勤及管理人员培训,提高师资培训绩效和管理水平。

6. 教育资源。向中介机构、市内外品牌优质学校、企业等购买课程资源、评估标准、管理软件等。

(四)购买程序

1. 制定计划。购买主体根据当地学前教育发展情况和学前教育购买服务需求,根据购买服务项目,会同财政部门确定购买服务计划。购买计划包括购买项目和内容、购买方式、服务数量和质量、经费预算、绩效考核指标和方式等。

2. 公开公示。购买服务计划和预算经同级财政部门审批后,购买主体主动向社会公开相关信息。

3. 组织竞选。区县教育行政部门按照公布的购买计划和政府采购程序统一组织实施购买。原则上应实行竞争性购买,具体可采用公开招标、邀请招标、竞争性谈判、竞争性磋商等方式。在社会力量举办幼儿园很少或其他机构不多,不具备竞争购买条件的地方,可以直接委托、政府补贴等方式。

4. 签订合同。县级教育行政部门与承接对象签订合同,明确双方的权利义务以及违约责任等。合同期一般不超过三年。

5. 履行合同。承接对象应严格履行合同义务,全面完成约定的服务义务,保证服务数量、质量和效果。购买主体及时给予相应的补助或支付购买资金。

(五)资金来源

各区县要统筹市级拨付的学前教育奖补资金,根据本区县购买服务工作实施情况,将政府购买学前教育服务所需资金纳入教育部门年度预算予以保障。

三、切实加强对政府购买学前教育服务的监督管理

(一)加强资金管理

教育主管部门要加强工作指导和监督检查,严防承接主体弄虚作假套取财政资金、突破普惠性幼儿园政府限价乱收费等问题发生。

资金支付方式按现行的资金支付程序和国库集中支付有关规定支付。也可由财政部门审核购买服务合同后,根据政府购买服务的不同形式采取其

他支付方式。

(二)加强绩效考核

教育主管部门牵头建立健全由购买主体、服务对象及第三方组成的绩效评价机制。每年年底,购买主体应邀请第三方对承接对象合同完成情况进行评估。评估结果向社会公布,并作为以后年度编制政府购买服务预算和选择承接主体的重要依据。

(三)加强过程监督

建立健全内部监督管理制度。购买主体对承接对象服务的过程和结果给予监督、检查,发现问题及时反馈;区县教育部门要为相关部门建立对承接对象提供政府购买服务行为的信用档案;区县教育部门建立并完善幼儿基本信息台账制度。各区县教育、财政部门可以结合当地实际,制定本地区政府购买学前教育服务的具体实施办法。各地原则上要在2017年初启动试点工作,取得经验后逐步推广。请各地将具体实施办法和试点工作开展情况、问题及建议等,及时报告市教委和市财政局。

附件:重庆市政府购买学前教育服务项目指导目录

一、学位资源

普惠性民办幼儿园学位资源。

二、管理服务

对政府新建、改扩建、利用闲置公共资源建设的幼儿园校舍,引进社会力量管理。

三、保教岗位

1. 对公办幼儿园缺编教师给予补助;
2. 对民办幼儿园适当给予教师经费补助。

四、后勤服务

1. 基础设施管理与维护;
2. 物业管理;
3. 校园安保等服务。

五、培训服务

1.园长培养培训;

2.教师培训;

3.其他管理人员培训。

六、教育资源

1.优质课程资源;

2.办学水平等评估标准;

3.管理软件。

附录 F 教育部政府购买服务指导性目录

代码	一级目录	二级目录	三级目录
105A	基本公共服务		
105A01		教育服务	
105A0101			教师信息技术应用能力提升工程课程资源建设
105A0102			课程教材研究、开发及资源建设
105A0103			校园足球教学、培训、宣传及赛事、训练营筹办
105A0104			学生运动会筹办
105A0105			艺术展演、赛事筹办
105A0106			双语教学资源建设、开发
105A0107			高雅艺术进校园
105A0108			中华经典诵读资源库建设及相关培训、展览等
105A0109			教学成果推广应用
105A02		扶贫济困	
105A0201			教育助学服务
105A03		其他基本公共服务	
105A0301			中外人文交流与合作服务
105A0302			出国留学服务
105A0303			外事管理服务
105A0304			来华留学服务

续表

代码	一级目录	二级目录	三级目录
105A0305			来华留学综合保险
105A0306			港澳台交流服务
105A0307			中外互访与合作服务
105B	社会管理性服务		
105B01		公共公益宣传	
105B0101			教育宣传
105C	行业管理与协调性服务		
105C01		行业统计分析	
105C0101			教育统计
105D	技术性服务		
105D01		监测服务	
105D0101			教育现代化监测
105D0102			课程教材监测
105D0103			教育舆情监测
105E	政府履职所需辅助性服务		
105E01		课题研究和社会调查	
105E0101			教育质量大数据分析研究
105E0102			教育领域课题研究
105E0103			教育专项调研
105E02		评审评估	
105E0201			人才培养质量评估
105E0202			本科专业认证
105E0203			本科教育系列质量报告

续表

代码	一级目录	二级目录	三级目录
105E0204			师范专业认证
105E0205			课程教材评估
105E0206			医学专业认证
105E0207			项目评审评估
105E0208			中小学幼儿园综合评价
105E0209			绩效评估、监控及评价
105E03		财务会计审计服务	
105E0301			教育领域财务会计审计服务
105E0302			审计和财务检查服务
105E04		技术业务培训	
105E0401			教育领域人才培养、培训
105E0402			教育领域业务培训
105E0403			课程教材培训
105E05		信息系统建设与维护	
105E0501			教育电子政务建设
105E0502			高考综合改革网上录取平台建设与运行维护
105E0503			高校校园安全管理与应急指挥系统
105E0504			教育行业信息技术安全保障
105E0505			数字教育资源开发与应用
105E0506			教育资源公共服务平台建设运维
105E0507			教育信息化建设与运维

续表

代码	一级目录	二级目录	三级目录
105E0508			教育管理信息系统与服务平台建设运维
105E0509			中外合作办学有关信息系统运维
105E06		法律与咨询服务	
105E0601			教育行政日常法律事务服务
105E0602			政府采购法律事务和政策咨询服务
105E0603			办公楼维修改造工程造价咨询服务
105E07		后勤服务	
105E0701			办公设备维修保养服务
105E0702			物业服务
105E0703			安全服务
105E0704			印刷服务
105E0705			餐饮服务
105E0706			其他后勤服务
105E08		会议和展览	
105E0801			会议服务
105E0802			展览服务
105E09		其他辅助性服务	
105E0901			档案管理服务
105E0902			翻译服务
105E0903			场地租赁服务

参考文献

奥尔森,2005.治理地方公共经济[M].万鹏飞,译.北京:北京大学出版社:9—16.

奥斯本,盖布勒,2006.改革政府:企业家精神如何改革着公共部门[M].周敦仁,译.上海:上海译文出版社:18.

鲍劲翔,2006.财政教育支出效率与公共教育服务政府采购[J].山西财经大学学报(高等教育版),(2):1—4.

常江,2014.美国政府购买服务制度及其启示[J].政治与法律,(1):153—160.

陈木朝,张锦珠,2013.广州学习型社会建设中政府购买教育服务的评估指标及标准[J].广州广播电视大学学报,13(5):36—39.

陈世岚,2013.国外政府购买教育服务的典型及启示[J].探求,4:98—102.

程翔宇,徐东,秦弋,2014.论政府购买学前教育服务在我国的现实需要与困境[J].成都行政学院学报,(2):13—16.

褚宏启,2005.政府与学校的关系重构[J].教育科学研究,(1):41.

登哈特 J V,登哈特 R B,2010.新公共服务:服务,而不是掌舵[M].丁煌,译.北京:中国人民大学出版社.

董圣足,王一涛,2009.民办高等教育领域"公私伙伴关系"的构建[J].教育发展研究,28(Z2):40—44.

高洋,许艳丽,2006.转换政府角色培育民办教育服务市场[J].内蒙古师范大学学报(教育科学版),11:24—26.

韩俊,任兴洲,2013.建设统一开放竞争有序的市场体系:学习领会党的十八届三中全会精神[N].人民日报,2013-11-20(7).

何寿奎,2009.公共项目公私伙伴关系合作机理与监管政策研究[D].重庆:重庆大学.

黄忠敬,2014.基础教育领域公私合作伙伴关系三问[J].教育发展研究,33(8):54—60.DOI:10.14121/j.cnki.1008-3855.2014.08.013.

贾西津,苏明,韩俊魁,等,2009.中国政府购买公共服务研究终期报告[R].亚洲开发银行.

靳希斌,2003.论教育服务及其价值[J].教育研究,1:44.

柯永建,2010. 中国PPP项目风险公平分担[D]. 北京:清华大学.

拉洛奎,2006. 教育服务供给的契约模式:类型研究和国际案例分析[R]. 何金辉,译. 新西兰公开刊物数据分类国家图书馆教育论坛报告.

厉以宁,1999. 关于教育产业化的几个问题[J]. 北京成人教育,9:25-28.

刘青峰,2015. 政府购买教育服务合同管理的理论逻辑与策略选择[J]. 云南民族大学学报(哲学社会科学版),5:149-155.

刘向杰,2007. 公私合作项目的政府行为研究[D]. 成都:西南交通大学.

刘颖,冯晓霞,2014. 政府购买学前教育服务的方式及其特点与影响[J]. 学前教育研究,(11):9-16. DOI:10.13861/j.cnki.sece.2014.11.003.

刘玉山,汪洋,吉鹏,2014. 我国政府购买职业教育服务的运行机理、实践困境与发展路径[J]. 教育发展研究,34(19):13-19. DOI:10.14121/j.cnki.1008-3855.2014.19.003.

洛克,2007. 政府论:二[M]. 杨思派,译. 北京:九州出版社.

吕纳,2013. 公共服务购买中的政府与社会组织互动关系研究[D]. 上海:上海大学.

马健生,2008. 公平与效率的抉择:美国教育市场化改革研究[M]. 北京:教育科学出版社:206.

马克思,恩格斯,1979. 马克思恩格斯全集:第26卷[M]. 中共中央马克思恩格斯列宁斯大林著作编译局,译. 北京:人民出版社.

毛明明,刘青峰,2015. 我国公共服务合作供给方式的概念及关系巧析[J]. 重庆工商大学学报(社会科学版),32(5):48.

毛明明,2016. 当代中国政府购买教育服务研究[D]. 昆明:云南大学.

钱小英,沈鸿敏,李东平,2003. 日本科技与教育发展[M]. 北京:人民教育出版社.

萨拉豪,2008. 公共服务中的伙伴:现代福利国家中政府与非营利组织的关系[M]. 北京:商务印书馆.

萨瓦斯,2002. 民营化与公私部门的伙伴关系[M]. 周志忍,等译. 北京:中国人民大学出版社.

沈叶迪,2012. 英国公私合作项目研究[J]. 武汉:华中科技大学[D].

施径科,2013. 广州市政府购买残疾人教育服务的实践与探索[J]. 宁波广播电视大学学报,11(4):85-88.

苏明,贾西津,孙洁,等,2010. 中国政府购买公共服务研究[J]. 财政研究,1:9-17.

孙艳,于海峰,2012. 中国非政府教育组织现状及前景展望[J]. 世界教育信息,13:16.

孙珠峰,胡伟,2015. 后新公共管理主要特征研究[J]. 理论月刊,(6):140-145.

汤赤,2007. 教育评估在政府购买教育服务中的作用:上海市浦东新区的探索与实践[J]. 教育发展研究,(7):47—49.

唐兴霖,尹文嘉,2011. 从新公共管理到后新公共管理:20世纪70年代以来西方公共管理前沿理论述评[J]. 社会科学战线,2:178—183.

童宏保,2008. 教育社会组织的作用[J]. 社团管理研究,12:28.

童小军,赖俊明,李叔君,2014. 公共财政购买教育服务的风险分析:进城农民工子女义务教育均等化的视角[J]. 农村经济与科技,25(2):173—174.

王春婷,2012. 政府购买公共服务绩效与其影响因素的实证研究[D]. 武汉:华中师范大学.

王丛虎,2015. 政府购买公共服务理论研究[M]. 北京:经济科学出版社.

王洪兵,2013a. 广州学习型社会建设中政府购买教育服务存在的问题及对策[J]. 湖北广播电视大学学报,33(10):5—7.

王洪兵,温颖,2013b. 美国政府购买教育服务模式的特色及启示[J]. 天津电大学报,9:59—62.

王玲艳,刘颖,2011. 西方政府购买教育服务的背景、运行机制及其应注意的问题[J]. 学前教育研究,5:9—13.

王鹏,2011. 政府"购买服务":我国社区教育发展的路径选择[J]. 成人教育,31(9):69—70.

王浦劬,萨拉蒙,等,2010. 政府向社会组织购买公共服务研究:中国与全球经验分析[M]. 北京:北京大学出版社.

王千华,王军,2010. 公共服务提供机构的改革:中国的任务和英国的经验[M]. 北京:北京大学出版社.

魏中龙,2011. 政府购买服务的运作与效率评估研究[D]. 武汉:武汉理工大学.

魏中龙,等,2014. 政府购买服务的理论与实践研究[M]. 北京:中国人民大学出版社.

吴开华,2013. 政府与民办学校合作关系的构建:以政府购买教育服务为例[J]. 广东第二师范学院学报,2:14—18.

休斯,2008. 公共管理导论:第3版[M]. 张成福,王学栋,等译. 北京:中国人民大学出版社.

闫海,孟娜,2013. 民办教育发展的财政责任:以政府购买教育服务为中心[J]. 现代教育管理,(9):106—110. DOI:10.16697/j.cnki.xdjygl.2013.09.005.

闫海,唐屾,2014. 论政府购买教育服务的制度建设[J]. 地方财政研究,4:16—20.

余辉,秦虹,2005. 公私合作制的中国试验[M]. 上海:上海人民出版社.

俞晓波,2012. 地方政府公共服务购买的实践与发展趋向:以上海浦东购买教育公共服务为例[J]. 天府新论,3:95-99.

曾保根,2011. 西方"后新公共管理"改革的"三位一体"解读[J]. 广西师范大学学报:哲学社会科学版,47(4):70-76.

张锦珠,王洪兵,温颖,2013. 对政府购买教育服务绩效评价几个基本问题的思考[J]. 黄冈职业技术学院学报,15(4):96-99.

张眉,魏建国,2017. 教育领域的政府购买服务研究[J]. 教育经济评论,2:70-86.

张汝立,2014. 外国政府购买社会公共服务研究[M]. 北京:社会科学文献出版社.

张为宇,2013. 法国政府购买私立学校教育服务解析[J]. 世界教育信息,26(21):51-52.

张勇,2013. 广州学习型社会建设中政府购买教育服务的制度设计构想[J]. 广州广播电视大学学报,13(3):18-22.

郑苏晋,2009. 放府购买公共服务:以公益性非营利组织为重要合作伙伴[J]. 中国行政管理,6:65.

周翠萍,2010. 政府购买教育服务的内涵、类型与展望[J]. 全球教育展望:872-77.

周翠萍,2011a. 我国政府购买教育服务的现状与问题:基于上海市教育委托管理的分析[J]. 教育发展研究,3:39-44.

周翠萍,2011b. 我国政府购买教育服务的政策研究[D]. 上海:华东师范大学.

周翠萍,2013. 政府购买教育服务的政策研究[M]. 上海:上海交通大学出版社:3.

ASEFFA A,2010. Public-Private Partnership(PPP):Some Reflections on Ethiopian Higher Education[J]. EJBE,1(1):144-169.

BAL M,2015. Public Private Partnership in Higher Education:Lessons from Best Global Practices[J]. International Journal of Advanced Research in Education Technology,4:15-18.

BDFIELD C R,LEVIN H M,2002. Education Privatization:Cause,Consequences and Planning Implications[R]. International Institute for Educational Planning:29-34.

BRAVO D,MUKHOPADHYAY S,TODD P E,2008. How Universal School Vouchers Affect Educational and Labor Market Outcomes[EB/OL]. Population Aging Research Center,University of Pennsylvania. (2008-09-12)[2022-04-10]. https://repository.upenn.edu/cgi/viewcontent.cgi?article=1020&context=parc_working_papers.

FENNELL S,2010. Public-Private Partnerships and Educational Outcomes:New Conceptual and Methodological Approaches[J/OL]. Research Consortium on Educational Outcomes and Poverty,(10):37. [2022-04-10]. https://ceid. educ. cam. ac. uk/researchprogrammes/recoup/publications/workingpapers/WP37-PPP _ and _ Educational _ Outcomes. pdf.

INGRAM G, WILS A, CARROL B, et al, 2006. The Untapped Opportunity: How Public Private Partnerships Can Advance Education for All[R]. Academy for Educational Development.

KATRINA E, LEY B, 2002. Recentralizing Decentralization?: Educational Management Organizations and Charter Schools' Educational Programs[C]. The Annual Meeting of the University Council for Educational Administration.

KINGDON G, 2007. Public Private Partnerships in Education: Some Policy Questions[J/OL]. [2022-04-10]. Research Consortium on Educational Outcomes and Poverty, (4):1. https://assets. publishing. service. gov. uk/media/57a08beae5274a27b2000e5d/pb1. pdf.

LAROCQUE N, 2010. Public-Private Partnerships in Basic Education: An International Review[EB/OL]. [2022-04-10]. https://olc. worldbank. org/sites/default/files/CfBT_LaRocque_PPPs%20in%20Basic%20Education%20An%20International %20Review. pdf.

LEWIS L, PATRINOS H A, 2012. Impact Evaluation of Private Sector Participation in Education[M/OL]. [2022-04-10]. Berkshire, England: CfBT Education Trust. http://web. worldbank. org/archive/website01447/ WEB/IMAGES/PPP_IMPA. PDF.

PATRINOS H A, BARRERA-OSORIO F, GUÁQUETA J, 2009. The Role and Impact of Public Private Partnerships in Education[R]. The World Bank: The International Bank for Reconstruction and Development:71—82.

ROSE P M, 2010. Achieving Education for All through Public-Private Partnerships?[J]. Development in Practice, 20(4/5):473—483.

ROSENAU P V, 1999. Introduction: The Strengths and Weaknesses of Public-Private Partnerships[J]. American Behavioral Scientist, 43(1):10—34.

ROUSE C E, BARROW L, 2009. School Vouchers and Student Achievement: Recent Evidence and Remaining Questions[J]. Annual Review of Economics, 1(1):17—42.

SAINT-MARTIN D, 1998. The New Managerialism and the Policy Influence of Consultants in Government: An Historical-Institutionalist Analysis of Britain, Canada and France[J]. An International Journal of Policy and Administration, 11(3): 319—356.

SANDSTRÖM F M, BERGSTRÖM F, 2004. School Vouchers in Practice: Competition Will Not Hurt You[J]. Journal of Public Economics, 89(2/3): 351—380.

SAVAS E S, 2000. Privatization and Public-Private Partnerships[M]. New York: Chatham House Publishers.

SCHÄFERHOFF M, CAMPE S, KAAN C, 2009. Transnational Public-Private Partnerships in International Relations: Making Sense of Concepts, Research Frameworks, and Results[J]. International Studies Review, 11: 451—474.

SHAOUL J, STAFFORDA P, STAPLETON P, 2006. Highway Robbery?: A Financial Analysis of Design, Build, Finance and Operate (DBFO) in UK Roads[J]. Transport Reviews, 26(3): 257—274.

SKELCHER C, MATHUR N, SMITH M, 2005. The Public Governance of Collaborative Spaces: Discourse, Design and Democracy[J]. Public Administration, 83(3): 573—596.

SMITH J, WOHLSTETTER P, 2006. Understanding the Different Faces of Partnering: A Typology of Public-Private Partnerships[J]. School Leadership and Management, 26(3): 249—268.

TILAK J, 2009. Education International Public Private Partnership in Education[R]. Education International: 18—19.

United Nations Economic Commission for Europe, 2008. Guidebook on Promoting Good Governance in Public-Private Partnerships[M/OL]. Geneva: United Nations. [2022-04-10]. https://digitallibrary.un.org/record/632894/files/ppp.pdf.

WOHLSTETTER P, MALLOY C L, HENTSCHKE G C, et al, 2004. Improving Service Delivery in Education through Collaboration: An Exploratory Study of the Role of Cross Sectoral Alliances in the Development and Support of Charter Schools [J]. Social Science Quarterly, 85(5): 78—96.

World Bank, 2004. Private Sector Involvement in Education: A Review of World Bank Activities in East Asia and the Pacific 1996—2002 [M]. Washington DC: World Bank.

World Economic Forum, 2004. Development-Driven Public-Private Partnerships in Basic

Education: Emerging Priorities from Roundtable Discussions[M]. Geneva: WEF.

World Economic Forum, 2005. Partnering for Success: Business Perspectives on Multi-stakeholder Partnerships[M]. Geneva: WEF.

WÖßMANN L, 2005. Public-Private Partnerships in Schooling: Cross-country Evidence on Their Effectiveness in Providing Cognitive Skills[C]. Mobilizing the Private Sector for Public Education. Boston: Kennedy School of Government, Harvard University, 2005-10-05.

YAHYA M, 2003. The Anatomy of Public Private Partnerships[EB/OL]. The Edge. (2003-04-21)[2022-04-10]. http://www.pwc.com/extweb/manissue.nsf/docid/493256A6E76D6469CA256D1000059A36.

YATES S, 2006. Public-Private Partnerships, the Undermining of free Enterprise, and the Emergence of "Soft Fascism"[EB/OL]. [2022-04-10]. http://www.freerepublic.com/focus/f-news/1737746/posts.

ZADEK S, RADOVICH S, 2006. Governing Collaborative Governance: Enhancing Development Outcomes by Improving Partnership Governance and Accountability[EB/OL]. [2022-04-10]. http://www.hks.harvard.edu/mrcbg/CSRI/publications/workingpaper_23_zadek_radovich.pdf.

ZAMMIT, A, 2003. Development at Risk: Rethinking UN-Business Partnerships[R]. Geneva: The South Center and UNRISD.

赤林英夫,荒木宏子,2010. 私立高等学校の授業料補助が生徒の退に与える影響[J]:日本の教育バウチャーの実証研究[R/OL]. (2010-01-10)[2022-04-10]. https://www.rieti.go.jp/jp/publications/dp/10j016.pdf.

高等教育局高等教育企画課,2001. 世界最高水準の大学づくりプログラム:国公私「トップ30」[EB/OL]. [2022-04-10]. https://www.mext.go.jp/b_menu/shingi/chukyo/chukyo4/gijiroku/attach/1410533.htm.

日本私立大学協会附置私学高等教育研究所,2009. 高等教育のファンディング・システム[EB/OL]. [2022-04-10]. https://www.shidaikyo.or.jp/riihe/book/pdf/2008_s.pdf.

石垣智宏,2015. 公教育におけるバウチャー制度導入の効果(2):教育バウチャーをめぐる言説整理[J]. 名古屋大学法政論集,261:115—152.

丸山文裕,2005. 高等教育のファンディングと大学の授業料[J]. 大学財務経営研究,8:27—39.

参考文献

学校設置会社連盟,2016.教育バウチャー制度の提言書[EB/OL].(2016-10-07)[2022-04-10]. http://jaemo.net/03info/index.html.

伊藤陽平,柴田峻至,本間一樹,など,2011.教育バウチャー政策の再考[C].SFJ 政策フォーラム.

中村文夫,樋口修資,2012.教育補助金と教育バウチャー制度の視点からみた現代教育財政への一考察[J].明星大学研究紀要,3(2):15—30.

諸橋由佳,2003.日本における公教育供給主体の多様化の動きに関する一考察[EB/OL].[2022-04-10]. https://repository.dl.itc.u-tokyo.ac.jp/record/31866/files/eac023006.pdf.